土木工程力学

上册

习题册

(第2版)

主　编　梁丽杰
　　　　田华奇
副主编　牟荟瑾
参　编　李　恒
　　　　朱银萍
主　审　常伏德

哈尔滨工业大学出版社
HARBIN INSTITUTE OF TECHNOLOGY PRESS

内 容 简 介

本书与《土木工程力学》(上册)教材相配套,编写顺序与教材相同,上册分12章,主要内容为绪论、力学基本知识、力学计算基础、体系的几何组成分析、平面静定桁架、静定梁、平面静定刚架、三铰拱、静定梁的影响线、摩擦、空间力系、重心及截面的几何性质。每章内容分为内容提要、习题及习题参考答案。习题包括是非题、选择题、填空题、作图题、计算分析题等。

本书可供建筑工程、交通土建、交通工程、水利专业学生作为学习参考书,也可用于结构工程师考试以及工程技术人员参考。

图书在版编目(CIP)数据

土木工程力学习题册.上/梁丽杰,田华奇主编.—2版.
—哈尔滨:哈尔滨工业大学出版社,2014.7(2019.7重印)
ISBN 978-7-5603-4802-5

Ⅰ.①土… Ⅱ.①梁… ②田… Ⅲ.①土木工程-工程力学-高等学校-习题集 Ⅳ.①TU311-44

中国版本图书馆 CIP 数据核字(2014)第134845号

策划编辑	赵文斌 杜 燕
责任编辑	张 瑞
出版发行	哈尔滨工业大学出版社
社　　址	哈尔滨市南岗区复华四道街10号 邮编150006
传　　真	0451-86414749
网　　址	http://hitpress.hit.edu.cn
印　　刷	哈尔滨久利印刷有限公司
开　　本	787mm×1092mm 1/16 印张 12 字数 270 千字
版　　次	2011年8月第1版 2014年7月第2版
	2019年7月第3次印刷
书　　号	ISBN 978-7-5603-4802-5
定　　价	24.80元

(如因印装质量问题影响阅读,我社负责调换)

《应用型本科院校"十三五"规划教材》编委会

主　　任　修朋月　竺培国
副主任　王玉文　吕其诚　线恒录　李敬来
委　　员　（按姓氏笔画排序）
　　　　　　丁福庆　于长福　马志民　王庄严　王建华
　　　　　　王德章　刘金祺　刘宝华　刘通学　刘福荣
　　　　　　关晓冬　李云波　杨玉顺　吴知丰　张幸刚
　　　　　　陈江波　林　艳　林文华　周方圆　姜思政
　　　　　　庹　莉　韩毓洁　蔡柏岩　臧玉英　霍　琳
　　　　　　杜　燕

序

  哈尔滨工业大学出版社策划的《应用型本科院校"十三五"规划教材》即将付梓,诚可贺也。

  该系列教材卷帙浩繁,凡百余种,涉及众多学科门类,定位准确,内容新颖,体系完整,实用性强,突出实践能力培养。不仅便于教师教学和学生学习,而且满足就业市场对应用型人才的迫切需求。

  应用型本科院校的人才培养目标是面对现代社会生产、建设、管理、服务等一线岗位,培养能直接从事实际工作、解决具体问题、维持工作有效运行的高等应用型人才。应用型本科与研究型本科和高职高专院校在人才培养上有着明显的区别,其培养的人才特征是:①就业导向与社会需求高度吻合;②扎实的理论基础和过硬的实践能力紧密结合;③具备良好的人文素质和科学技术素质;④富于面对职业应用的创新精神。因此,应用型本科院校只有着力培养"进入角色快、业务水平高、动手能力强、综合素质好"的人才,才能在激烈的就业市场竞争中站稳脚跟。

  目前国内应用型本科院校所采用的教材往往只是对理论性较强的本科院校教材的简单删减,针对性、应用性不够突出,因材施教的目的难以达到。因此亟须既有一定的理论深度又注重实践能力培养的系列教材,以满足应用型本科院校教学目标、培养方向和办学特色的需要。

  哈尔滨工业大学出版社出版的《应用型本科院校"十三五"规划教材》,在选题设计思路上认真贯彻教育部关于培养适应地方、区域经济和社会发展需要的"本科应用型高级专门人才"精神,根据前黑龙江省委书记吉炳轩同志提出的关于加强应用型本科院校建设的意见,在应用型本科试点院校成功经验总结的基础上,特邀请黑龙江省9所知名的应用型本科院校的专家、学者联合编写。

  本系列教材突出与办学定位、教学目标的一致性和适应性,既严格遵照学科体系的知识构成和教材编写的一般规律,又针对应用型本科人才培养目标及与之相适应的教学特点,精心设计写作体例,科学安排知识内容,围绕应用讲授理论,做到"基础知识够用、实践技能实用、专业理论管用"。同时注意适当融入新理论、新技术、新工艺、新成果,并且制作了与本书配套的PPT多媒体教学课件,形成立体化教材,供教师参考使用。

《应用型本科院校"十三五"规划教材》的编辑出版,是适应"科教兴国"战略对复合型、应用型人才的需求,是推动相对滞后的应用型本科院校教材建设的一种有益尝试,在应用型创新人才培养方面是一件具有开创意义的工作,为应用型人才的培养提供了及时、可靠、坚实的保证。

希望本系列教材在使用过程中,通过编者、作者和读者的共同努力,厚积薄发、推陈出新、细上加细、精益求精,不断丰富、不断完善、不断创新,力争成为同类教材中的精品。

第 2 版前言

本书(第 2 版)是在第 1 版教材的基础上根据 3 年来教材在使用过程中教师和学生的反馈意见以及课程改革发展需要修订而成的。修订时保持了原书取材精练、简明流畅的风格，注意扩大专业适应面。

本次修订的内容主要有以下几个方面：

(1) 修改了原书的符号，其中最主要的是集中荷载(主动力)用 F 或 P 作为主符号，重力用 G 作为主符号。

(2) 对全书的标注做了统一，过去的插图是机械制图标注与建筑制图标注共存，此次修订都用建筑制图标注。

(3) 增加了插图中的字母，在学生解题时研究对象会更加明确。

(4) 静定梁的影响线一章的插图都加上了单位集中力 $P=1$，以加深学生对影响线概念的理解。

(5) 对少数习题做了不同程度的改写和替换，在原来坡度略陡的地方补充了少量习题，对遗漏的知识点做了必要的补充。

(6) 对书中有些习题的答案在重新审核后做了重新修改、完善。

(7) 对书中一些论述不太清晰的地方进行了重新改写和完善。

第 2 版修订工作由主编梁丽杰主持进行，新增参加编写修订的还有朱银萍(4、5 章)。

书稿由常伏德教授主审，他提出了很多精辟、中肯的意见，使本次修订工作和最后定稿获益匪浅，深表谢意！

限于编者水平有限，书中不足之处，深望广大师生批评指正。

编　者
2014 年 4 月

前　言

　　本书与《土木工程力学(上册)》教材相配套,编写顺序与教材相同。上册分12章,主要内容为绪论、力学基本知识、力学计算基础、体系的几何组成分析、平面静定桁架、静定梁、平面静定刚架、三铰拱、静定梁的影响线、摩擦、空间力系、重心及截面的几何性质。每章内容包括内容提要、习题、习题参考答案。习题有是非题、选择题、填空题、作图题、计算分析题等。

　　我们结合多年的教学实践,将土木工程力学的基本概念、基本原理、基本方法,解题思路和计算技巧,能力培养以及学生在学习中普遍存在的具有代表性、易混淆、易出差错的问题,以客观题和主观题的形式编写了本习题册。

　　本书的特点有三:

　　第一,知识点全,题型丰富,由简到难,符合学生的认知过程。

　　第二,学生直接在习题册上完成作业,省去了抄题和其他重复性的工作,从而使精力集中在分析和解决问题上,同时,将"教与学"更紧密地结合在一起,使习题册成为一个比较完善并能长期保存的学习、练习笔记,具有便于查阅的参考资料功能。

　　第三,本书实用性强,收集了很多结构工程师考试题,可以为学生今后参加结构工程师考试奠定基础。

　　本书的编写分工如下:第1、2、3、4章由牟荟瑾编写,第5章由李恒编写,第6、7、8、9章由梁丽杰编写,第10、11、12章由田华奇编写。长春工程学院的常伏德教授担任本书的主审,并提出了宝贵意见,在此表示感谢。

　　本书可供建筑工程、交通土建、交通工程、水利以及近土木专业的学生作为学习参考书,也可作为结构工程师考试复习以及工程技术人员参考书。

　　由于编者水平有限,难免存在疏漏和不足,请读者批评指正。

编　者
2011年4月

目 录

第1章 绪论 ··· 1
    内容提要 ··· 1
    习题 ··· 3
    习题参考答案 ··· 5

第2章 力学基本知识 ··· 6
    内容提要 ··· 6
    习题 ··· 9
    习题参考答案 ··· 15

第3章 力学计算基础 ··· 16
    内容提要 ··· 16
    习题 ··· 21
    习题参考答案 ··· 40

第4章 体系的几何组成分析 ··· 43
    内容提要 ··· 43
    习题 ··· 45
    习题参考答案 ··· 56

第5章 平面静定桁架 ··· 58
    内容提要 ··· 58
    习题 ··· 59
    习题参考答案 ··· 76

第6章 静定梁 ·· 79
    内容提要 ··· 79
    习题 ··· 81
    习题参考答案 ··· 92

第7章 平面静定刚架 ··· 94
    内容提要 ··· 94
    习题 ··· 95
    习题参考答案 ·· 109

第8章 三铰拱 ·· 112
    内容提要 ··· 112
    习题 ·· 113
    习题参考答案 ·· 118

第9章　静定梁的影响线 …………………………………………………… 120
　　内容提要 ………………………………………………………………… 120
　　习题 ……………………………………………………………………… 122
　　习题参考答案 …………………………………………………………… 134
第10章　摩擦 ………………………………………………………………… 136
　　内容提要 ………………………………………………………………… 136
　　习题 ……………………………………………………………………… 137
　　习题参考答案 …………………………………………………………… 146
第11章　空间力系 …………………………………………………………… 148
　　内容提要 ………………………………………………………………… 148
　　习题 ……………………………………………………………………… 150
　　习题参考答案 …………………………………………………………… 160
第12章　重心及截面的几何性质 …………………………………………… 162
　　内容提要 ………………………………………………………………… 162
　　习题 ……………………………………………………………………… 165
　　习题参考答案 …………………………………………………………… 176
参考文献 ……………………………………………………………………… 178

第1章

绪 论

内容提要

一、基本概念

1. 结构

结构是建筑物或构筑物中能够承受并传递各种荷载而起骨架作用的部分。

结构的类型：

(1)按照几何特征区分，有杆件结构、薄壳结构和实体结构；

(2)按照空间特征区分，有平面结构和空间结构。

2. 构件

构件是通过结点连接组成结构的各种基本部件。

一般情况，可以将构件归纳为以下三类：

(1)杆件

杆件指纵向尺寸(长度)要远大于横向尺寸(厚度、宽度)的构件。建筑中所遇到的杆件有等截面直杆、变截面直杆和轴线为曲线的曲杆。

(2)板和壳

板和壳都是宽而薄的构件，中面是平面的称为板，中面是曲面的称为壳。

(3)块体

块体指长、宽、高三个尺度大体相近，内部大多为实体结构的构件。

3. 刚体

刚体指在力的作用下不变形的物体，即体内任意两点的距离保持不变。刚体是一种理想的力学模型。

4. 变形固体

在外力作用下，会产生变形的固体称为变形固体。

变形固体在外力作用下会产生弹性变形(外力消除时，变形随之消失)和塑性变形(外力消除后，变形不能消失)两种不同性质的变形。一般情况下，物体受力后，既有弹性变形,又有塑性变形。

5. 基本假设

对变形固体材料做成的构件进行强度、刚度和稳定性计算时,为了使问题得到简化,常作如下基本假设:

(1) 均匀连续假设

假设变形固体在其整个体积内毫无空隙地充满了物质,并且各处的力学性能均相同。

(2) 各向同性假设

假设变形固体沿各个方向的力学性能均相同,但也存在不少的各向异性的材料,例如木材。

(3) 小变形假设

在研究构件的平衡和运动时,可按变形前的原始尺寸和形状进行计算。

总之,在力学计算中把实际材料看做是连续、均匀、各向同性的弹性变形固体,且在大多数情况下局限在弹性变形范围内和小变形条件进行研究。

二、杆件变形的基本形式

杆件的变形可归纳为下面四种基本变形形式之一,或者是基本变形形式的组合。

1. 轴向拉伸和轴向压缩

受力特点:杆件受到一对大小相等、方向相反、作用线与轴线重合的外力作用。

变形特点:杆件表现为沿轴线方向的伸长或缩短变形。

2. 剪切

受力特点:作用在杆件上的力大小相等、方向相反、作用线平行且相距很近。

变形特点:杆件介于两力之间的截面沿外力作用方向产生相对错动变形。

3. 扭转

受力特点:在垂直于杆件轴线的两平面内作用一对大小相等、方向相反的力偶。

变形特点:杆件的各横截面将绕轴线产生相对转动。

4. 弯曲

受力特点:外力偶或外力作用在垂直于杆轴的纵向平面内。

变形特点:杆轴由直线弯成曲线。

三、土木工程力学的任务和内容

1. 土木工程力学的任务

为了保证结构能正常工作,则要求每一个构件都具有足够的承受荷载的能力,简称承载能力。构件的承载能力通常由以下三个方面来衡量:

(1) 强度:指构件和结构抵抗破坏的能力。设计的结构及其每一根构件都应有足够的强度,这是土木工程力学要解决的首要任务。

(2) 刚度:指构件和结构抵抗变形的能力。设计时要保证构件的变形数值不超过它正常工作所容许的范围,即具有足够的刚度。

(3) 稳定性:指构件和结构保持原有直线平衡状态的能力。设计时必须保证构件具有足够的稳定性。

2. 土木工程力学的内容

工程中涉及的力学内容很多,通常包括理论力学、材料力学、结构力学、弹性力学、塑性力学等学科。本书主要学习理论力学(静力学部分)、材料力学和结构力学三部分内容。

四、荷载的分类

1. 荷载

结构或构件工作时所承受的主动力称为荷载。

2. 荷载分类

(1)按荷载作用的范围可分为分布荷载和集中荷载

①分布作用在体积、面积和线段上的荷载分别被称为体荷载、面荷载和线荷载,并统称为分布荷载。

②若荷载的作用范围远小于构件的尺寸时,可认为荷载集中作用于一点,称为集中荷载。

当研究对象为刚体时,作用在构件上的分布荷载可用其合力(集中荷载)代替。当研究对象为变形固体时,则不能任意地用集中荷载来代替。

(2)按荷载作用时间的久暂可分为恒荷载和活荷载

①永久作用在结构或构件上,其大小和作用位置都不会发生变化的荷载称为恒荷载。

②暂时作用在结构或构件上,其大小和作用位置都可能发生变化的荷载称为活荷载。

(3)按荷载作用的性质可分为静荷载和动荷载

①缓慢地加到结构或构件上不引起结构振动的荷载称为静荷载。

②荷载的大小或方向随时间而变化的称为动荷载。

习 题

一、是非题

1—1 (　)板和壳都是宽而薄的构件,它们是根据中面的形式不同来区分的。

1—2 (　)在任何情况下,体内任意两点的距离保持不变的物体称为刚体。

1—3 (　)任何变形固体在外力作用下都只产生弹性变形。

1—4 (　)在荷载作用下,杆件发生剪切变形,其特点是杆轴由直线变成曲线。

1—5 (　)强度是指构件和结构抵抗变形的能力。

1—6 (　)荷载是指结构和构件工作时所承受的全部力。

1—7 (　)当被研究对象为变形固体时,则不能任意地用集中荷载来代替。

二、选择题

1—8 杆件受到_____的荷载作用下产生扭转变形。

　A. 大小相等、方向相反、作用线与轴线重合

B. 大小相等、方向相反、作用线平行且相距很近

C. 垂直于杆件轴线的两平面内作用的一对大小相等、方向相反的力偶

D. 任意

1—9 杆件产生弯曲变形时,其变形特点是_____。

A. 杆件沿轴线方向伸长或缩短

B. 杆件介于两力之间的截面沿外力作用方向产生相对错动变形

C. 杆轴由直线变成曲线

D. 杆件的各横截面将绕轴线产生相对转动

1—10 土木工程力学要解决的首要任务是_____。

A. 设计的结构及其每一根构件都应有足够的强度

B. 设计时要保证构件的变形数值不超过它正常工作所容许的范围

C. 构件和结构应保持原有直线平衡状态

D. 以上三种

1—11 荷载按作用范围可分为_____。

A. 静荷载和动荷载

B. 恒荷载和活荷载

C. 分布荷载和集中荷载

D. 以上都包括

1—12 大小或方向随时间而变化的荷载称为_____。

A. 分布荷载

B. 集中荷载

C. 静荷载

D. 动荷载

三、填空题

1—13 建筑结构按照几何特征分为_____、_____和_____;按照空间特征分为_____和_____。

1—14 建筑常见杆件有_____、_____和_____。

1—15 变形固体在外力作用下会产生_____和_____。

1—16 轴向拉伸或压缩的杆件变形的特点是_____。

1—17 杆件变形的四种基本形式是_____、_____、_____和_____。

1—18 构件的承载能力通常由_____、_____和_____三个方面来衡量。

1—19 构件保持其原始_____的能力称为稳定性。

1—20 恒荷载和活荷载的区别在于_____。

第1章 绪 论

习题参考答案

一、是非题

1—1 √ 1—2 √ 1—3 × 1—4 × 1—5 × 1—6 × 1—7 √

二、选择题

1—8 C 1—9 C 1—10 A 1—11 C 1—12 D

三、填空题

1—13 杆件结构,薄壳结构,实体结构;平面结构,空间结构

1—14 等截面直杆,变截面直杆,轴线为曲线的曲杆

1—15 弹性变形,塑性变形

1—16 杆件沿轴线方向伸长或缩短

1—17 轴向拉伸和轴向压缩,剪切,扭转,弯曲

1—18 强度,刚度,稳定性

1—19 直线平衡状态

1—20 荷载作用时间的久暂

第2章 力学基本知识

内容提要

一、基本概念

1. 力

(1)力:物体之间相互的机械作用。

(2)力的三要素:力的大小、方向和作用点。

(3)力是矢量。在国际单位制中力的单位是牛顿(N)或千牛顿(kN),且有 1 kN = 10^3 N。

(4)力的效应

运动效应(外效应):力使物体的运动状态发生改变的效应。

变形效应(内效应):力使物体形状发生改变的效应。

2. 力系

(1)力系:同时作用于物体上的一群力。

(2)等效力系:若两个力系对同一物体的效应相同,称这两个力系互为等效力系。

(3)合力:如果一个力与一个力系等效,则称此力为该力系的合力。

(4)力系的分类

平面力系:力系中所有力的作用线在同一平面内分布。

空间力系:力系中所有力的作用线不在同一平面内分布。

汇交力系:力系中所有力的作用线汇交于一点。

平行力系:力系中所有力的作用线相互平行。

任意力系:力系中所有力的作用线任意分布。

共点力系:力系中所有力作用在同一点。

共线力系:力系中所有力的作用线在同一直线上。

3. 平衡

(1)平衡:是物体运动的一种特殊形式,当物体相对于惯性参考系(如地面)保持相对静止或做匀速直线运动时,称该物体处于平衡状态。

(2)平衡力系:若物体在某力系作用下保持平衡,称此力系为平衡力系。

二、静力学公理

公理一 力的平行四边形法则

作用在物体上同一点的两个力可以合成为一个合力,此合力也作用在该点上,合力的大小和方向等于以这两个力为邻边构成的平行四边形的对角线。

公理二 二力平衡条件

作用在同一刚体上的两个力,使刚体处于平衡状态的充分和必要条件是:这两个力的大小相等,方向相反,且作用在同一直线上。

公理三 加减平衡力系原理

在作用于同一刚体的任意力系上,增加或除去任意平衡力系,并不改变原力系对该刚体的作用。

推论 1 力的可传性

作用于刚体上某点的力,可以沿着它的作用线移动到刚体内任意一点,并不改变该力对刚体的作用。

推论 2 三力平衡汇交原理

刚体受三个力作用而处于平衡状态时,若其中两个力的作用线汇交于一点,则此三力必在同一平面内,且第三个力的作用线必汇交于同一点。

公理四 作用与反作用定律

两个物体间相互作用的力总是同时存在,且大小相等,方向相反,沿同一条直线,分别作用在两个物体上。

公理五 刚化原理

当变形体在某一力系作用下处于平衡状态,则将此变形体刚化为刚体时,其平衡状态保持不变。

三、约束与约束反力

对非自由体的运动起到限制作用的物体通常称为约束。

(1)柔体约束:其约束反力的方向沿柔体的中心线背离被约束物体,作用点为柔体与被约束体的接触点。

(2)光滑面约束:其约束反力方向沿接触表面的公法线指向被约束物体,作用在接触点处。

(3)光滑圆柱形铰链约束:其约束反力在垂直于圆柱形销钉轴线的平面内,通过圆柱形销钉中心,方向不定,通常用过圆心的两个大小未知的正交分力表示。

(4)固定铰链支座:其约束反力与圆柱形铰链约束相同。

(5)可动铰链支座:其约束反力只有一个,方位应为垂直于支承面,通过圆柱形销钉中心。

(6)单链杆支座:其约束反力的作用线沿链杆轴线,相当于二力构件。

(7)向心轴承:其约束反力作用在接触点上,沿公法线且指向轴心。
(8)止推轴承:其约束反力通常用三个正交分力表示。
(9)球形铰链支座:其约束反力通过球心,方向任意,通常用三个正交分力表示。
(10)固定端支座:其约束反力通常用两个正交分力和一个力偶表示。

四、受力分析

1.研究对象
所确定的被研究的物体,假想从周围物体中分离出来,也称为隔离体。
2.受力图
在隔离体上画出全部主动力和约束反力后的图形。
3.受力分析
确定研究对象,并将研究对象所受的全部主动力和约束反力绘制出来的过程称为对物体进行受力分析。
需要注意:
①不画内力,只画外力;
②要正确分析物体间的作用力与反作用力;
③当绘制由几个物体组成的研究对象的受力图时,不需要画出物体间的相互作用力。

五、结构计算简图

实际结构略去不重要的细节,所得到的简化后的图形称为结构的计算简图,用来表现结构基本受力特征。恰当地选取实际结构的计算简图,是结构设计中十分重要的问题。
1.结构计算简图的简化原则
(1)尽可能符合实际;
(2)尽可能简单。
2.结构体系的简化
(1)平面简化
首先根据实际受力情况,把空间形式的结构简化为平面状态;其次将构件或杆件(截面尺寸要比其长度小得多)简化为纵向轴线(画成粗实线)来表示。
(2)杆件的简化
构件的截面以它的形心来代替;梁、柱等直杆用相应的直线表示;曲杆、拱等构件用相应的曲线表示。杆件的长度用结点间的距离表示。
(3)结点的简化
杆件与杆件相互连接处称为结点。
① 铰结点。其特征是被连接的杆件在连接处不能相对移动,但可以相对转动。铰结点能传递力,但不能传递力矩。
② 刚结点。其特征是被连接的杆件在连接处既不能相对移动,又不能相对转动。刚结点能传递力,也能传递力矩。
③ 组合结点。

3. 支座的简化

支座是指结构与基础(或别的支承构件)之间的连接构造,可以根据其实际构造和约束情况进行恰当的简化。

4. 荷载的简化

荷载是作用在结构或构件上的主动力,通常可简化到作用在杆件轴线上的线分布荷载和集中荷载。

5. 几种常见的计算简图

(1) 梁式结构

常见的有简支梁、外伸梁、悬臂梁、多跨静定梁、连续梁。

(2) 拱式结构

常见的有三铰拱、两铰拱、无铰拱。

(3) 桁架

常见的有平行弦桁架、三角形桁架、折弦形桁架、联合桁架、抛物线形桁架、三铰拱式桁架。

(4) 刚架

常见的有悬臂式刚架、简支刚架、三铰刚架、单层多跨刚架、多层多跨刚架。

(5) 排架

常见的有等高多跨排架、不等高多跨排架。

(6) 组合结构

组合结构是一种梁与桁架、柱与桁架或刚架与桁架组合在一起的结构。

习　题

一、是非题

2—1　(　)作用在一个物体上有三个力,当这三个力的作用线汇交于一点时,则此力系必然平衡。

2—2　(　)两端用光滑铰链连接的构件是二力构件。

2—3　(　)在两个力的作用下,使刚体处于平衡的必要与充分条件是这两个力等值、反向、共线。

2—4　(　)凡在两个力作用下的构件称为二力构件。

2—5　(　)凡是合力都大于分力。

2—6　(　)力的可传性仅适用于刚体。

2—7　(　)作用于刚体上某点的力,可以移动到刚体内任意一点,并不改变该力对刚体的作用。

2—8　(　)作用力与反作用力是平衡力。

2—9　(　)根据力的可传性,如图所示,力 P 可以由 D 点沿其作用线移到 E 点。

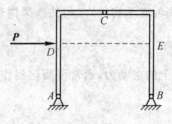

题 2-9 图

2-10 （ ）光滑圆柱形铰链约束的约束反力，一般可用两个相互垂直的分力表示，该两分力一定要沿水平和铅垂方向。

2-11 （ ）二力平衡条件中的两个力作用在同一物体上；作用力和反作用力分别作用在两个物体上。

2-12 （ ）约束力的方向必与该约束所阻碍的物体运动方向相反。

2-13 （ ）一个力对某点的力矩与某力偶的力偶矩相等，则这个力与这个力偶等效。

2-14 （ ）某力偶对点 A 的矩为 M_A，对另一点 B 的矩为 M_B，则必有 $M_A = M_B$。

二、选择题

2-15　在下述原理、法则、定理中，只适用于刚体的有_____。
A. 三力平衡汇交原理　　B. 力的平行四边形法则　　C. 加减平衡力系公理
D. 力的可传性原理　　　E. 作用与反作用定律

2-16　三力平衡汇交原理是_____。
A. 共面不平行的三个力相互平衡必汇交于一点
B. 共面三力若平衡，必汇交于一点
C. 三力汇交于一点，则这三个力必互相平衡

2-17　如果力 F_R 是两个力的合力，用矢量方程表示为 $F_R = F_1 + F_2$，其大小之间的关系为_____。
A. 必有 $F_R = F_1 + F_2$
B. 不可能有 $F_R = F_1 + F_2$
C. 必有 $F_R > F_1, F_R > F_2$
D. 可能有 $F_R < F_1, F_R < F_2$

2-18　一刚体受两个作用在同一直线上、方向相反的力 F_1、F_2 作用，它们大小之间的关系为 $F_1 = 2F_2$，则这两个力的合力可以表示为_____。
A. $F_R = F_1 - F_2$　　　　　　B. $F_R = F_2 - F_1$
C. $F_R = F_1 + F_2$　　　　　　D. $F_R = F_2$

题 2—18 图

2—19 作用在一个刚体上的两个力 F_A、F_B，满足 $F_A = -F_B$ 的条件，则该二力可能是 _____。
   A. 作用力与反作用力或一对平衡力   B. 一对平衡力或一个力偶
   C. 一对平衡力或一个力和一个力偶   D. 作用力与反作用力或一个力偶

2—20 在作用于同一刚体的任意力系上，增加或除去 _____，并不改变原力系对该刚体的作用。
   A. 一个力   B. 一对力
   C. 任意力系   D. 任意平衡力系

2—21 已知 F_1、F_2、F_3、F_4 为作用于刚体上的平面汇交力系，其力多边形如图所示，由此知 _____。
   A. 力系平衡   B. 力系不平衡
   C. 合力 $F_R \neq 0$

题 2—21 图

2—22 考虑力对物体作用的两种效应，力是 _____。
   A. 滑移矢量   B. 自由矢量
   C. 定位矢量

2—23 在如图所示三种情况下，力 F 沿其作用线滑移到 D 点，并不改变 B 处受力的情况是 _____。
   A. (a)   B. (b)
   C. (c)

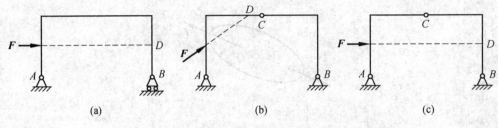

题 2—23 图

2—24 如图所示的受力分析中，G 是地球对物体 A 的引力，T 是绳子受到的拉力，则作用力与反作用力指的是_____。

A. G 与 T'　　　B. G' 与 T'　　　C. G 与 T　　　D. G 与 G'

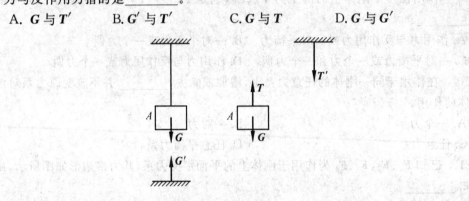

题 2—24 图

三、填空题

2—25 作用力与反作用力大小_____，方向_____，分别作用在_____。

2—26 作用在同一刚体上的两个力使物体处于平衡的充分必要条件是这两个力_____，_____，_____。

2—27 力对物体的作用效应一般分为_____和_____。

2—28 在力的平行四边形中，合力位于_____。

2—29 作用在刚体上的力，可沿_____移动到刚体内任一点，而不改变该力对刚体的作用效果。

2—30 如图所示，AB 杆自重不计，在五个已知力作用下处于平衡，则作用在 B 点的四个力的合力 F_R 的大小 $F_R = $_____，方向沿_____。

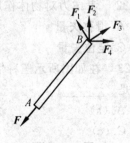

题 2—30 图

2-31 如图所示结构，自重不计，接触处光滑，则(a)图的二力构件是_____，(b)图的二力构件是_____，(c)图的二力构件是_____。

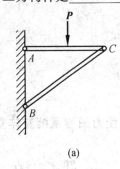
(a)

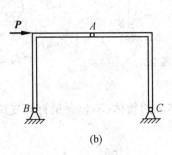
(b)

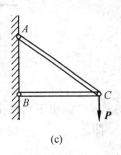
(c)

题 2-31 图

2-32 柔体约束反力方向沿_____，_____物体，作用在接触点处。
2-33 光滑面约束反力方向沿_____，_____物体，作用在接触点处。
2-34 圆柱形铰链约束和固定铰链约束的约束反力通过铰链中心，方向不定，通常简化为_____。

四、作图题

下列习题中假定接触处都是光滑的，物体重量除图上已标明者外，均略去不计。

2-35 画出图中指定物体的受力图。

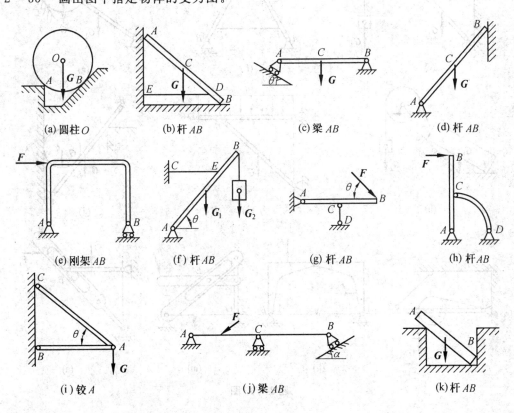

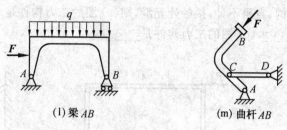

(l) 梁 AB (m) 曲杆 AB

题 2—35 图

2—36 画出下列每个标注字母的物体(不包含销钉与支座)的受力图与系统整体受力图。

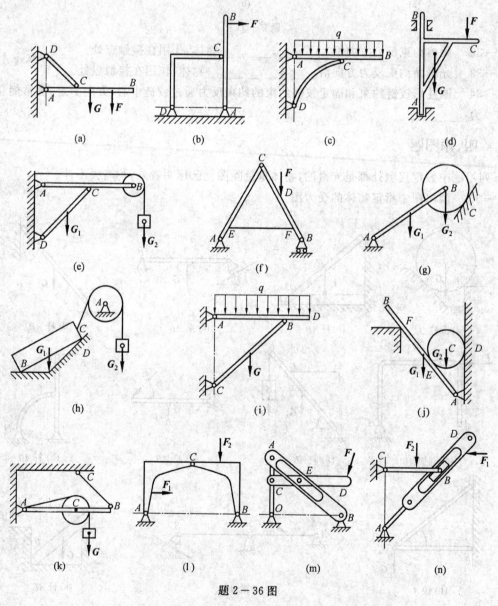

题 2—36 图

习题参考答案

一、是非题

2-1 × 2-2 × 2-3 √ 2-4 × 2-5 × 2-6 √
2-7 × 2-8 × 2-9 × 2-10 × 2-11 √ 2-12 √
2-13 × 2-14 √

二、选择题

2-15 ACD 2-16 A 2-17 D 2-18 C 2-19 B
2-20 D 2-21 A 2-22 A 2-23 AB 2-24 D

三、填空题

2-25　相等,相反,两个物体上

2-26　大小相等,方向相反,且作用在同一直线上

2-27　运动效应,变形效应

2-28　对角线上

2-29　力的作用线

2-30　F,沿杆轴线并背离杆件

2-31　BC 杆,AC 杆,AC 杆和 BC 杆

2-32　柔体的中心线,背离被约束

2-33　接触表面的公法线,指向被约束物体

2-34　过圆心的两个大小未知的正交分力

四、作图题

受力图略。

第3章

力学计算基础

内容提要

一、力的投影

1. 力在坐标轴上的投影

力在某坐标轴上的投影等于力的大小乘以力与该轴的正向夹角的余弦。力的投影是代数量,即

$$F_x = F\cos\theta$$
$$F_y = F\cos\beta = F\sin\theta$$

式中,θ、β 为力 F 与两个坐标轴正向的夹角,当夹角是锐角时,投影为正值,当夹角为钝角时,投影为负值。

2. 力的大小和方向余弦

若已知力 F 在直角坐标轴上的投影为 F_x 和 F_y,则该力的大小和方向余弦为

$$\begin{cases} F = \sqrt{(F_x)^2 + (F_y)^2} \\ \cos\theta = \dfrac{F_x}{F}, \cos\beta = \dfrac{F_y}{F} \end{cases}$$

在直角坐标系中,若力 F 沿直角坐标轴的分力为 F_x、F_y,则这两个分力的大小分别等于力 F 在两轴上的投影 F_x、F_y 的绝对值,力 F 可表示为

$$F = F_x + F_y = F_x i + F_y j$$

式中,i、j 为沿 x 轴及 y 轴正向的单位向量。

二、力矩和力偶

1. 力矩

(1) 概念

力对点之矩是力使物体对矩心转动效应的度量,其值为一代数量,用 $M_O(F)$ 表示,其绝对值等于力的大小与力的作用线到矩心的垂直距离的乘积,即

$$M_O(\boldsymbol{F}) = \pm F \times d = \pm 2A_{\triangle OAB}$$

式中,d 为矩心到力 $\boldsymbol{F}$ 的垂直距离,称为力臂。

通常规定:力使物体绕矩心逆时针方向转动时力矩为正,反之为负。

(2) 合力矩定理

合力对某点之矩等于各分力对同一点之矩的代数和,即

$$M_O(\boldsymbol{F}_R) = \sum M_O(\boldsymbol{F})$$

2.力偶

(1) 概念

两个等值、反向、不共线的平行力组成的力系,称为力偶,用符号 $(\boldsymbol{F},\boldsymbol{F}')$ 表示。

(2) 力偶矩

力偶的任一力的大小与力偶臂的乘积称为力偶矩,是力偶使物体转动效应的度量,其值为一代数量,记作 m 或 $m(\boldsymbol{F},\boldsymbol{F}')$。通常规定,力偶使物体逆时针转动时力偶矩为正号,反之为负,即

$$m = \pm Fd$$

(3) 力偶的基本性质

① 力偶没有合力,不能用一个力来等效,也不能与一个力平衡。

② 力偶使物体转动的效果与矩心的位置无关,由力偶矩来确定,即力偶可以在其作用面内任意移转,而不改变它对刚体的作用效应。

③ 在保持力偶矩的大小和转向不变的情况下,可以任意改变力偶中力的大小和力偶臂的长短,而不会改变它对刚体的效应。此性质只适用于刚体。

④ 作用在同一平面内的两个力偶彼此等效的充分和必要条件是这两个力偶的力偶矩相等。

三、平面汇交力系的合成和平衡

1.平面汇交力系的合成

(1) 几何法

平面汇交力系合成为一个合力,其大小和方向等于原力系中所有各力的矢量和,即力多边形的封闭边,合力的作用线通过力系的汇交点。矢量表达式为

$$\boldsymbol{F}_R = \boldsymbol{F}_1 + \boldsymbol{F}_2 + \cdots + \boldsymbol{F}_n = \sum \boldsymbol{F} \text{(矢量和)}$$

如果力系为共线力系时,力多边形变成一条直线,合力为

$$F_R = F_1 + F_2 + \cdots + F_n = \sum F \text{(代数和)}$$

(2) 解析法

合力在任一轴上的投影,等于各分力在同一轴上投影的代数和,称为合力投影定理,即

$$\begin{cases} F_{Rx} = F_{1x} + F_{2x} + \cdots + F_{nx} = \sum F_x \\ F_{Ry} = F_{1y} + F_{2y} + \cdots + F_{ny} = \sum F_y \end{cases}$$

则合力 F_R 的大小和方向为

$$\begin{cases} F_R = \sqrt{F_{Rx}^2 + F_{Ry}^2} = \sqrt{(\sum F_x)^2 + (\sum F_y)^2} \\ \cos\alpha = \dfrac{F_{Rx}}{F_R}, \cos\beta = \dfrac{F_{Ry}}{F_R} \end{cases}$$

其中 α 与 β 是合力 F_R 与 x 轴、y 轴的夹角。

2. 平面汇交力系的平衡

平面汇交力系平衡的充分和必要条件是该力系的合力等于零,即力系中各力的矢量和为零,表示为

$$F_R = \sum F = 0$$

(1) 几何条件:力多边形自行封闭。

(2) 解析条件:

根据平衡条件可表示为

$$F_R = \sqrt{(\sum F_x)^2 + (\sum F_y)^2} = 0$$

即

$$\begin{cases} \sum F_x = 0 \\ \sum F_y = 0 \end{cases}$$

所以,平面汇交力系平衡的解析条件是力系中各力在两个坐标轴上的投影的代数和分别为零,此二式被称为平衡方程。

平面汇交力系的平衡方程还有其他两种形式,一种是 $\sum M_A(\boldsymbol{F}) = 0, \sum F_y = 0$,其中投影轴 Oy 不能与汇交点 O 和矩心 A 的连线相垂直;另一种是 $\sum M_A(\boldsymbol{F}) = 0$,$\sum M_B(\boldsymbol{F}) = 0$,其中矩心 AB 与交点 O 不能共线。

平面汇交力系有两个平衡方程,可以求解两个未知量。

四、平面力偶系的合成和平衡

1. 平面力偶系的合成

平面力偶系的合成结果仍为一力偶,合力偶矩等于力偶系中各分力偶矩的代数和,即

$$M = m_1 + m_2 + \cdots + m_n = \sum m$$

2. 平面力偶系的平衡

平面力偶系平衡的充分与必要条件是:所有分力偶矩的代数和为零,即

$$\sum m = 0$$

平面力偶系有一个平衡方程,可以求解一个未知量。

五、平面任意力系的简化和平衡

1. 力的平移定理

作用在刚体上的力从原来的作用位置平行移动到任一点时，必须附加一力偶，该力偶的力偶矩等于原力对该点之矩，称为力的平移定理。

力的平移定理是力系向一点简化的理论基础，它只适用于刚体。

2. 平面任意力系的简化

(1) 主矢和主矩

力系中各力组成的平面汇交力系的矢量和称为该力系的主矢，即

$$F'_R = \sum F$$

力系中各力对简化中心的矩的代数和称为力系对简化中心的主矩，即

$$M_O = \sum M_O(F)$$

(2) 平面任意力系的简化

平面任意力系向力系所在平面任意一点简化，得到一个作用在简化中心的平面汇交力系和一平面力偶系，进而可以合成一个力和一个力偶，该合力等于原力系的主矢，该力偶矩等于原力系对简化中心的主矩。

当简化中心改变位置时，不难发现，主矢的大小和方位并不发生变化，但一般来说主矩将随简化中心位置的不同而发生变化。

平面任意力系向一点简化结果见表3.1。

表 3.1 平面任意力系向一点简化结果

主矢	主矩	简化结果	说明
$F'_R \neq 0$	$M_O = 0$	合力	合力作用线通过简化中心
	$M_O \neq 0$	合力	合力作用线到简化中心的距离 $d = \dfrac{|M_O|}{F'_R}$
$F'_R = 0$	$M_O \neq 0$	合力偶	此时主矩与简化中心的位置无关
	$M_O = 0$	平衡	平面任意力系平衡的必要和充分条件

3. 平面任意力系的平衡

平面任意力系平衡的必要和充分条件是：主矢和主矩都等于零，即

$$\begin{cases} F'_R = 0 \\ M_O = 0 \end{cases}$$

平面一般力系的平衡方程如下：

(1) 基本形式(一矩式)

$$\begin{cases} \sum F_x = 0 \\ \sum F_y = 0 \\ \sum M_O(\boldsymbol{F}) = 0 \end{cases}$$

(2) 二矩式

$$\begin{cases} \sum F_x = 0 \\ \sum M_A(\boldsymbol{F}) = 0 \\ \sum M_B(\boldsymbol{F}) = 0 \end{cases}$$

其中 A、B 两点的连线 AB 不能与 x 轴垂直。

(3) 三矩式

$$\begin{cases} \sum M_A(\boldsymbol{F}) = 0 \\ \sum M_B(\boldsymbol{F}) = 0 \\ \sum M_C(\boldsymbol{F}) = 0 \end{cases}$$

其中 A、B、C 三点不能共线。

六、平面平行力系的平衡方程

平面平行力系平衡的必要和充分条件是：力系中所有各力的投影的代数和等于零，以及各力对于平面内任一点之矩的代数和也等于零，即

$$\begin{cases} \sum F_y = 0 \\ \sum M_O(\boldsymbol{F}) = 0 \end{cases}$$

平面平行力系的平衡方程也可以表示为二力矩形式，即

$$\begin{cases} \sum M_A(\boldsymbol{F}) = 0 \\ \sum M_B(\boldsymbol{F}) = 0 \end{cases}$$

其中 A、B 连线不能与各力平行。

七、物体系统的平衡

外力：系统外任何物体作用于该系统的力称为系统的外力。

内力：系统内部各物体间相互作用的力称为该系统的内力。

当整个系统平衡时，组成该系统的每一个物体也都处于平衡状态。因此对于每一个受平面任意力系作用的物体，均可写出三个平衡方程。如物体系统由 n 个物体组成，则共有 $3n$ 个独立的平衡方程。若系统中的物体有受平面汇交力系或平面平行力系作用时，则独立平衡方程的总数目相应地减少。

当未知量的数目少于或等于独立平衡方程数目时，用刚体的平衡条件就可以得到全部未知量的解，这一类平衡问题称为静定问题。若未知量数目多于相应的独立的平衡方程时，则仅用刚体平衡条件不能求得全部未知量的解，这类问题称为超静定问题。

物体系统平衡问题的解题步骤如下：
(1) 根据题意选取研究对象。
(2) 对确定的研究对象进行受力分析，正确地画出受力图。
(3) 按照受力图所反映的力系特点和需要求解的未知力的数目，列出相应的独立平衡方程。
(4) 求解平衡方程。

一般在求解物体系统平衡问题时，若结构存在基本部分与附属部分，那么要首先求解附属部分，然后再研究基本部分的受力。

习　　题

一、是非题

3—1　(　)　两个力 F_1、F_2 在同一轴上的投影相等，则这两个力一定相等。

3—2　(　)　两个大小相等的力，在同一轴上的投影也一定相等。

3—3　(　)　某力 F 在某轴上的投影为零，则该力不一定为零。

3—4　(　)　用解析式求解平面汇交力系的平衡问题时，投影轴的方位不同，平衡方程的具体形式也不同，但计算结果不变。

3—5　(　)　平面汇交力系平衡时，力多边形各力首尾相接，但在作力多边形时各力的顺序可以不同。

3—6　(　)　用解析法求解平面汇交力系平衡问题时，所选取的两个投影轴必须相互垂直。

3—7　(　)　当平面汇交力系平衡时，选择几个投影轴就能列出几个独立的投影方程。

3—8　(　)　力矩与矩心的位置有关，而力偶矩与矩心位置无关。

3—9　(　)　在平面内任意两个力都可以简化为一个合力。

3—10　(　)　力偶和力都可以使物体发生转动，所以力偶可以和力等效。

3—11　(　)　当平面任意力系向某点简化结果为力偶时，如果再向另一点简化，则简化结果是一样的。

3—12　(　)　平面任意力系的平衡方程形式，除一矩式、二矩式、三矩式，还可以用三个投影式表示。

3—13　(　)　设一平面任意力系向某一点简化得一个合力，如果另选适当的点为简化中心，则力系可以简化为一个力偶。

3—14　(　)　作用于刚体上的平面任意力系，若其力多边形自行封闭，则此刚体平衡。

3—15　(　)　如图所示，在刚体的 ABCD 四点作用有四个大小相等的力，恰好组成封闭的平行四边形，则刚体平衡。

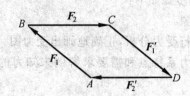

题 3-15 图

二、选择题

3-16 在_____情况下力在两坐标轴上的投影和力沿两坐标轴的分力大小相等。

A. 两坐标轴彼此正交 B. 两坐标轴夹角 30°
C. 两坐标轴夹角 60° D. 任何情况

3-17 用解析法求平面汇交力系的合力时,若选用不同的直角坐标系,所得的合力大小_____。

A. 不相等　　　B. 相等　　　C. 均为零　　　D. 不存在

3-18 力 F 在如图所示坐标系 xOy 的 y 轴上的分力大小和投影分别为_____。

A. $\dfrac{\sqrt{3}}{2}F$ 和 $\dfrac{2\sqrt{3}}{3}F$　　　　B. $\dfrac{1}{2}F$ 和 $\dfrac{1}{2}F$

C. $\dfrac{\sqrt{3}}{2}F$ 和 $\dfrac{\sqrt{3}}{3}F$　　　　D. $\dfrac{2\sqrt{3}}{3}F$ 和 $\dfrac{\sqrt{3}}{2}F$

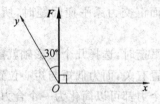

题 3-18 图

3-19 如图所示,已知作用在简支梁上的力 F 与力偶矩 $m=Fl$,不计杆件自重和接触处摩擦,则以下关于固定铰链支座 A 的约束反力表述正确的是_____。

A. 图(a)与图(b)相同 B. 图(b)与图(c)相同
C. 三者都不相同 D. 三者都相同

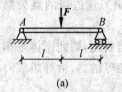　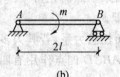　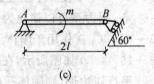

(a)　　　　　　　　(b)　　　　　　　　(c)

题 3-19 图

3-20 平面内一非平衡共点力系和一非平衡力偶系最后可能合成的情况是_____。

A. 一合力偶　　　　　　　　B. 一合力

C. 相平衡　　　　　　　　　　D. 无法进一步合成

3-21　某平面平行力系的各力与 y 轴平行，如图所示，已知 $F_1=8$ N，$F_2=10$ N，$F_3=10$ N，$F_4=8$ N，$F_5=5$ N(长度单位:cm)，则力系的简化与简化中心的位置_____。

A. 无关　　　　　　　　　　B. 有关

C. 若简化中心选择在 x 轴上，与简化中心的位置无关

D. 若简化中心选择在 y 轴上，与简化中心的位置无关

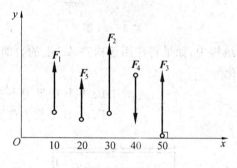

题 3-21 图

3-22　下列关于平面力系的主矢和主矩的表述中正确的是_____。

A. 主矢的大小、方向与简化中心的选择无关

B. 主矩的大小、转向一定与简化中心的选择有关

C. 当平面力系对某点的主矩为零时，该力系向任何一点简化的结果为一合力

D. 当平面力系对某点的主矩不为零时，该力系向任何一点简化的结果均不可能为一合力

3-23　下列关于平面力系与其平衡方程式的表述中正确的是_____。

A. 任何平面力系都具有三个独立的平衡方程式

B. 任何平面力系只能列出三个平衡方程式

C. 在平面力系的平衡方程式的基本形式中，两个投影轴必相互垂直

D. 平面力系如果平衡，则该力系在任意选取的投影轴上投影的代数和必为零

3-24　关于力、力偶、力矩、力偶矩，下列表述不正确的是_____。

A. 力矩与力偶矩的量纲相同

B. 力能平衡力偶

C. 一个力不能平衡一个力偶

D. 力偶对任一点之矩等于其力偶矩，力偶中两个力对任一轴的投影代数和为零

3-25　两直角刚杆 AC、BC 支承，如图所示在铰 C 处受力 P，则 A、B 两处约束反力与 x 轴正向的夹角 α、β 分别为_____。

A. 30°，45°　　　　B. 45°，135°　　　　C. 90°，30°　　　　D. 135°，90°

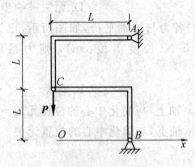

题 3—25 图

3—26 在如图所示的结构中,如果将作用于构件 AC 上的力偶搬移到构件 BC 上,则 A、B、C 三处的反力变化为 _____。

　　A. 都不变　　　　　　　　　　B. A、B 处反力不变,C 处反力改变
　　C. 都改变　　　　　　　　　　D. A、B 处反力改变,C 处反力不变

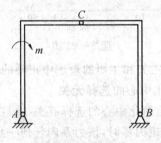

题 3—26 图

3—27 如图所示,系统只受 F 作用而平衡。欲使 A 支座约束力的作用线与 AB 成 30°角,则斜面的倾角 α 应为 _____。

　　A. 0°　　　　B. 30°　　　　C. 45°　　　　D. 60°

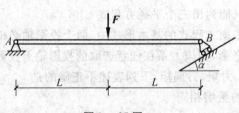

题 3—27 图

3—28 如图所示系统,绳 DE 能承受的最大拉力为 10 kN,杆重不计,则力 P 的最大值为 _____ kN。

　　A. 5　　　　B. 10　　　　C. 15　　　　D. 20

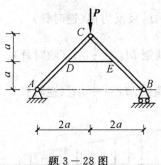

题 3—28 图

3—29 如图所示,等边三角形 ABC 沿边缘作用大小均为 F 的三个力,将三力向 A 点简化,可得到_____。

A. 一个力   B. 一个力偶
C. 一个力和一个力偶   D. 零

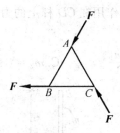

题 3—29 图

3—30 如图所示构架中,杆 DEF 上的销子 E 置于杆 BC 的光滑槽内,构架自重不计,则在图示荷载作用下,E 处的约束反力_____。

A. 大于 B 点处的约束反力,作用线垂直于 BC,指向右上方
B. 小于 B 点处的约束反力,作用线垂直于 BC,指向左下方
C. 与 B 点处约束反力的大小相等,作用线沿水平直线,指向左方
D. 为零

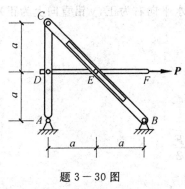

题 3—30 图

3—31 悬臂梁的尺寸及荷载如图所示,则其约束反力为_____。

A. $F_{Ay} = \dfrac{1}{2} q_0 l (\uparrow)$

B. 力偶矩为 $M_A = \frac{1}{6}q_0 l^2$ 的约束反力偶（逆时针）

C. $F_{Ay} = \frac{1}{2}q_0 l(\uparrow)$，反力偶矩 $M_A = \frac{1}{6}q_0 l^2$（顺时针）

D. $F_{Ay} = \frac{1}{2}q_0 l(\uparrow)$，反力偶矩 $M_A = \frac{1}{6}q_0 l^2$（逆时针）

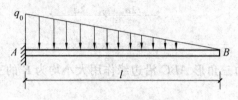

题 3—31 图

3—32 已知杆 AB 和杆 CD 的自重不计，且在 C 处光滑接触。若作用在杆 AB 上的力偶矩为 m_1，则欲使系统保持平衡，作用在 CD 杆上的力偶矩 m_2 转向如图所示，其矩的大小为_____。

A. $m_2 = m_1$ B. $m_2 = \frac{4m_1}{3}$ C. $m_2 = \sqrt{3}\,m_1$ D. $m_2 = 2m_1$

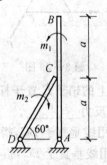

题 3—32 图

3—33 如图所示，杆 AB、CDE 连接成图中所示结构，受荷载 F 作用，则支座 E 处约束力的大小为_____。（x 水平向右为正，y 铅直向上为正）

A. $F_{Ex} = \frac{F}{2}, F_{Ey} = \frac{F}{2}$

B. $F_{Ex} = 0, F_{Ey} = -\frac{F}{2}$

C. $F_{Ex} = \frac{F}{2}, F_{Ey} = -\frac{F}{2}$

D. $F_{Ex} = -\frac{F}{2}, F_{Ey} = -\frac{F}{2}$

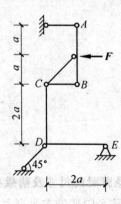

题 3—33 图

3-34 如图所示,结构在水平杆 AB 的 B 端作用一铅直向下的力 F,各杆自重不计,则铰支座 A 的约束力 F_A 的作用线应该是_____。

    A. 沿铅直线   B. 沿水平线

    C. 沿 A、D 连线   D. 与水平杆 AB 间的夹角为 30°

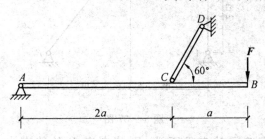

题 3-34 图

3-35 如图所示,结构受一逆时针转向的力偶作用,自重不计,则铰支座 B 的约束力 F_B 的作用线应该是_____。

    A. 沿水平线   B. 沿铅直线

    C. 沿 B、C 连线   D. 平行 A、C 于连线

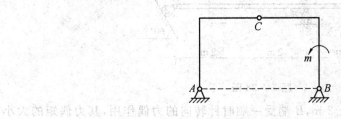

题 3-35 图

3-36 如图所示,机构中各杆的自重不计,BC 杆水平,α=30°,在 C 点悬挂重物的重力大小 G=1 500 kN,在 B 点作用一力 P,其大小等于 500 kN,设与铅直线的夹角为 θ,则当机构平衡时,θ 角的大小为_____。

    A. θ=30° 或 45°   B. θ=45° 或 90°

    C. θ=0° 或 60°   D. θ=30° 或 90°

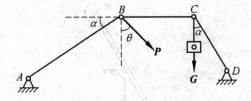

题 3-36 图

3-37 如图所示,三铰刚架右半部作用一顺时针转向的力偶,刚架的重力不计。如将该力偶移至刚架的左半部上,两支座的约束力 F_A、F_B 将有_____。

    A. F_A、F_B 的大小和方向都会变   B. F_A、F_B 的方向会变,但大小不变

C. F_A、F_B 的大小会变,但方向不变　　　D. F_A、F_B 的大小和方向都不变

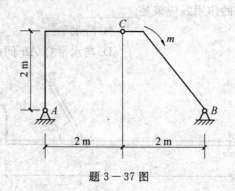

题 3-37 图

3-38　如图所示,多跨梁的自重不计,则其支座 B 的约束力 F_B 的大小和方向为 _____。

　　A. $F_B = 90$ kN,方向铅直向上　　　B. $F_B = 90$ kN,方向铅直向下
　　C. $F_B = 30$ kN,方向铅直向上　　　D. $F_B = 30$ kN,方向铅直向下

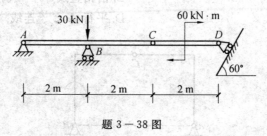

题 3-38 图

3-39　如图所示,杆件 AB 长 2 m,B 端受一顺时针转向的力偶作用,其力偶矩的大小 $m = 100$ N·m,杆重不计,杆的中点 C 为光滑支承,则支座 A 的约束力 F_A 的大小和方向为 _____。

　　A. $F_A = 200$ N,方向铅直向下
　　B. $F_A = 173.2$ N,方向沿 AB 杆轴线
　　C. $F_A = 115.5$ N,方向水平向右
　　D. $F_A = 100$ N,其作用线垂直于 AB 杆,指向右下方

题 3-39 图

3-40 如图所示,力 F 作用在 BC 杆的中点,且垂直 BC 杆。若 $F=\sqrt{2}$ kN,杆重不计,则杆 AB 内力的大小为_____ kN。

A. 0.5　　　　B. 1.0　　　　C. 1.5　　　　D. 2.0

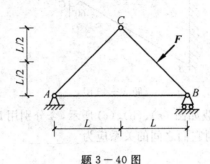

题 3-40 图

3-41 三铰刚架均匀分布铅垂荷载,受力如图所示,则下列判断正确的是_____。

A. 正确。无水平荷载,A、B 处反力应无水平分量
B. 错误。受力图中未画出铰链 C 的反力
C. 错误。AC 和 BC 构件均为二力构件,A、B 处反力应有水平分量
D. 错误。A、B 处有水平分力,受力图中未画出

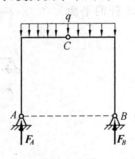

题 3-41 图

3-42 平面力系向 A 点简化,得到主矢 $F'_R \neq 0$,主矩 $M_A \neq 0$ 且为顺时针转向,则关于最后合成结果,下列情形正确的是_____。($d=M_A/F'_R$)

A.　　　　B.　　　　C.　　　　D.

题 3-42 图

3-43 如图所示,三铰拱在 C 点作用一水平力 $P=300$ kN,若 AC 杆与铅垂线成 α 角,该杆最多只能承受 150 kN,若要结构不被破坏,则_____。

A. $\alpha = 0°$　　　　　　　　　　　　B. $\alpha = 30°$
C. $\alpha = 45°$　　　　　　　　　　　D. $\alpha = 60°$

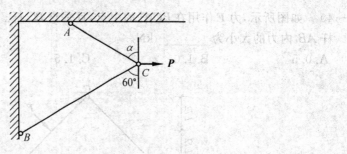

题 3—43 图

3—44 某简支梁 AB 受荷载如图 (a)、(b)、(c) 所示,今分别用 $F_{(a)}$、$F_{(b)}$、$F_{(c)}$ 表示几种情况下支座 B 的约束力,则它们之间的关系应为 _____。

A. $F_{(a)} < F_{(b)} = F_{(c)}$

B. $F_{(a)} > F_{(b)} = F_{(c)}$

C. $F_{(a)} = F_{(b)} > F_{(c)}$

D. $F_{(a)} = F_{(b)} < F_{(c)}$

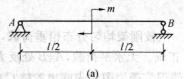

(a)

3—45 如图所示,重为 G 的均质杆 AB 受绳 CE 的约束,A 端与光滑面接触,今沿水平杆 AB 方向作用一力 P,则 AB 杆的平衡状态为 _____。

A. P 大于某一值时能平衡

B. P 大于零时能平衡

C. P 为任何值时都能平衡

D. P 为任何值时均不能平衡

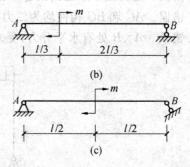

(b)

(c)

题 3—44 图

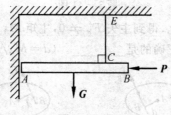

题 3—45 图

3—46 如图所示,一钢筋混凝土水槽底宽 1 m,水深 0.5 m,已知单位体积水的重量 $\gamma = 9.8 \text{ kN/m}^3$,则在 1 m 长度的水槽上由水引起的约束反力为 _____。

A. $F_{Ax} = 0; F_{Ay} = 4.9 \text{ kN}; M_A = 2.45 \text{ kN} \cdot \text{m}$

B. $F_{Ax} = -1.225 \text{ kN}; F_{Ay} = 4.9 \text{ kN}; M_A = 2.45 \text{ kN} \cdot \text{m}$

C. $F_{Ax} = 0; F_{Ay} = 4.9 \text{ kN}; M_A = 2.65 \text{ kN} \cdot \text{m}$

D. $F_{Ax} = -1.225 \text{ kN}; F_{Ay} = 4.9 \text{ kN}; M_A = 2.65 \text{ kN} \cdot \text{m}$

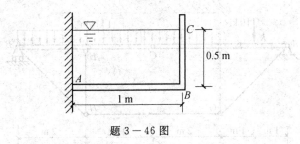

题 3－46 图

3－47 外伸梁的尺寸及荷载如图所示，则铰支座 A 及辊轴支座 B 的约束力分别为 _____。

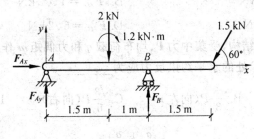

题 3－47 图

A. $F_{Ax}=0.75$ kN；$F_{Ay}=-0.45$ kN；$F_B=3.75$ kN
B. $F_{Ax}=-0.75$ kN；$F_{Ay}=0.45$ kN；$F_B=3.75$ kN
C. $F_{Ax}=0.75$ kN；$F_{Ay}=0.45$ kN；$F_B=3.75$ kN
D. $F_{Ax}=-0.75$ kN；$F_{Ay}=0.45$ kN；$F_B=-3.75$ kN

3－48 如图所示，水平简支梁 AB 上，作用一对等值、反向、沿铅直方向作用的力，其大小均为 P，间距为 h，梁的跨度为 L，其自重不计，则支座 A 的反力 F_A 为_____。

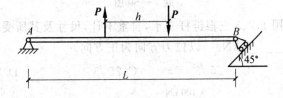

题 3－48 图

A. $F_A=\dfrac{Ph}{L}$，方向铅直向上 B. $F_A=\dfrac{Ph}{L}$，方向铅直向下

C. $F_A=\dfrac{\sqrt{2}Ph}{L}$，$F_A$ 与 AB 方向的夹角为 $-45°$，指向右下方

D. $F_A=\dfrac{\sqrt{2}Ph}{L}$，$F_A$ 与 AB 方向的夹角为 $135°$，指向左下方

3－49 组合结构所受荷载和支承情况如图所示，现若不计自重，则链杆 AG 的内力 F_{AG}（以拉力为正）为_____。

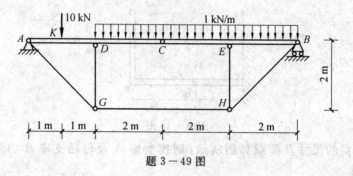

题 3—49 图

A. $F_{AG} = -11\sqrt{2}\,\text{kN}$ B. $F_{AG} = 11\sqrt{2}\,\text{kN}$
C. $F_{AG} = -6\sqrt{2}\,\text{kN}$ D. $F_{AG} = 6\sqrt{2}\,\text{kN}$

3—50 如图所示平面结构，受集中力 P、均布荷载 q 和力偶矩 m 作用，几何尺寸和各处约束如图，则固定端 C 处的水平约束反力应为_____。

A. $\dfrac{\sqrt{3}}{6}P$（向左） B. $\dfrac{\sqrt{3}}{3}P$（向左） C. $\dfrac{\sqrt{3}}{6}P$（向右） D. $\dfrac{\sqrt{3}}{3}P$（向右）

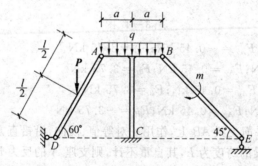

题 3—50 图

3—51 水平梁 AB 用 1、2、3 三根链杆支承，自重不计，尺寸及其所受荷载如图所示，则链杆 2 的内力为_____ kN。（以拉力方向为正方向）

A. $-75\sqrt{3}$ B. $-25\sqrt{3}$ C. $25\sqrt{3}$ D. $75\sqrt{3}$

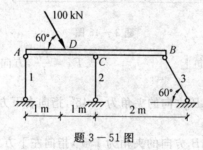

题 3—51 图

3—52 如图所示三种情况，力 F 沿其作用线滑移到 D 点，并不改变 B 受力情况的是_____。

A. (a) 和 (b) B. (b) 和 (c) C. (a) 和 (c) D. (a)、(b) 和 (c)

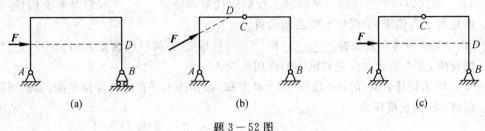

题 3-52 图

3-53 两水平杆 AB 和 BC 铰接于 B，并由 1、2、3、4 四根链杆支承，荷载和尺寸如图所示，杆重不计，则其中链杆 2 的内力（以拉力为正）为_____kN。

A. -16　　　　B. -8　　　　C. 8　　　　D. 16

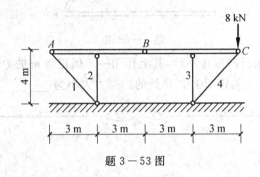

题 3-53 图

三、填空题

3-54　平面汇交力系可简化为_____，其大小和方向等于_____，作用线通过_____。

3-55　平面汇交力系平衡的充分和必要条件是_____，此时力多边形_____。

3-56　平面汇交力系有_____个独立平衡方程，可求解_____个未知量。

3-57　力在直角坐标轴上的投影的大小与该力沿这两个轴的分力大小_____。

3-58　某刚体受平面汇交力系作用，其力多边形分别如图(a)、(b) 所示，则图_____表示平衡力系；图_____表示有合力，其合力等于_____。

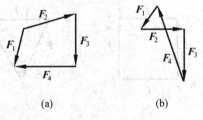

题 3-58 图

3-59　力对刚体产生转动效应可以用_____度量，力的作用线到矩心的垂直距离称为_____，力矩与矩心的选取_____关。

3-60　同一平面内的两个力偶，只要_____相等，则两力偶彼此等效。

3—61　力偶的两个力在任一坐标轴上投影的代数和等于_____，它对平面内任一点的矩等于力偶矩，力偶矩与矩心的位置_____。

3—62　在平面内只要保持_____和_____不变，力偶可以改变力的大小和力偶臂的长短，并不改变改变它对刚体的作用效应。

3—63　均质折杆 ABC 的 AB 段长为 L，要使 BC 段保持水平且曲杆保持平衡，如图所示，则 BC 杆的长度应为_____。

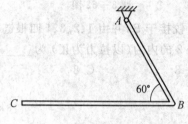

题 3—63 图

3—64　如图所示，直角折杆重量不计，其上作用一力偶矩为 m 的力偶，则图(a)中 B 处的约束力大小为_____，图(b)中 B 处的约束力大小为_____。

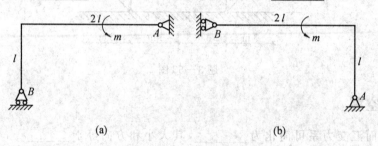

题 3—64 图

3—65　平面任意力系的主矢与简化中心的位置_____关，主矩一般与简化中心的位置_____关，但当_____的特殊情况下，主矩与简化中心的位置无关。

3—66　有四个平面任意力系，分别作用在四个刚体上，各力的大小均相等，方向如图(a)、(b)、(c)、(d)所示，则各力系合成的最终结果为：(a)_____，(b)_____，(c)_____，(d)_____。

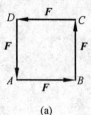 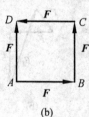 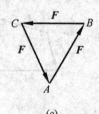 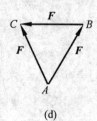

题 3—66 图

3—67　若一构架由 4 个构件组成，每个构件均在平面任意力系作用下处于平衡状态，则整个系统最多可列出_____个独立的平衡方程。当未知量多于独立平衡方程数目时,则属于_____问题。

四、计算分析题

3-68 力 F 作用于点 A,经过该点作轴 x 和 y,如图(a)、(b)所示。已知 $F=100$ N,$\theta=30°$,$\beta=45°$,$\varphi=60°$,试求力 F 在各个轴上的投影,以及它沿这两个轴线的分力?

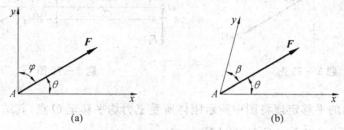

题 3-68 图

3-69 如图所示结构中已知力 P 的值为 2 kN,求 $M_A(P)$,$M_B(P)$,$M_C(P)$ 值。

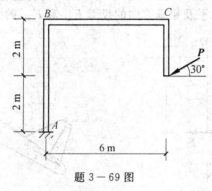

题 3-69 图

3-70 计算各图示中力 F 对点 O 之矩。

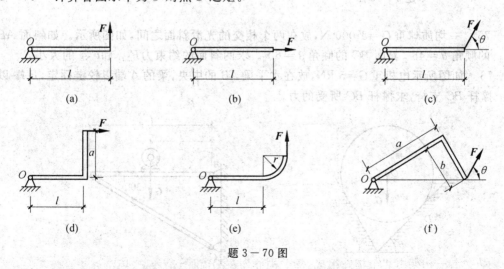

题 3-70 图

3-71 分别用几何法和解析法求如图所示平面汇交力系的合力。

3-72 如图所示,已知 $F_1=400$ N,$F_2=100$ N,$F_3=500$ N,$F_4=200$ N。求平面力系向

O 点的简化结果,长度单位为 m。

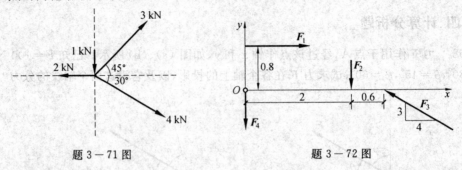

题 3-71 图　　　　　　　　　题 3-72 图

3-73　利用力的平移定理将图中所示刚体所受三力均平移至 O 点,其结果如何? 已知 $F_1=2$ kN,$F_2=\sqrt{2}$ kN,$F_3=\sqrt{2}$ kN,$a=1$ m。

3-74　如图所示飞机做爬高飞行时受到升力 $F_1=42$ kN,螺旋桨拉力 $F_2=17.5$ kN,空气的阻力 $F_3=3.5$ kN,方向如图所示。又已知飞机的重量 $G=35$ kN。试求当 $\theta=30°$ 时,此力系的合力在水平及铅垂方向的投影 F_{Rx} 和 F_{Ry} 的大小。

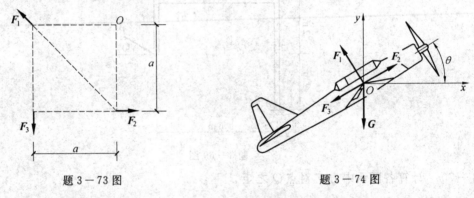

题 3-73 图　　　　　　　　　题 3-74 图

3-75　一均质球重 $G=1\,000$ N,放在两个相交的光滑斜面之间,如图所示。如斜面 AB 的倾角 $\theta=45°$,斜面 BC 的倾角 $\beta=60°$。求两斜面的约束力 F_{ND} 和 F_{NE} 的大小。

3-76　如图所示电机重 $G=5$ kN,放在水平梁 AB 的中央,梁的 A 端以铰链固定,B 端以撑杆 BC 支持,求撑杆 BC 所受的力。

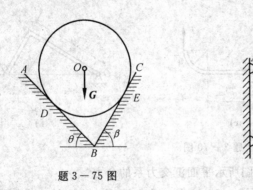 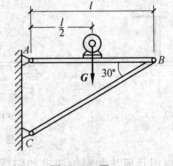

题 3-75 图　　　　　　　　　题 3-76 图

第3章 力学计算基础

3-77 如图所示，AC 和 BC 两杆用铰链 C 连接，两杆的另一端分别固定铰支在墙上，在 C 点悬挂重 $G=10$ kN 的物体。已知 $\theta=30°$，$\beta=60°$。不计杆重，求两杆的内力。

3-78 钢制正方形框架，边长 $a=40$ cm，重 $G=500$ N，用粗麻绳套在框架外面起吊，如图所示。现有两条长分别为 1.7 m 和 2 m 的麻绳，问用哪一条麻绳起吊时绳子的拉力为最小？求出这两条绳子拉力的大小。

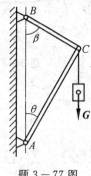

题 3-77 图

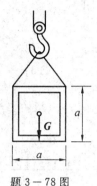

题 3-78 图

3-79 已知 $m=100$ N·m，$l=1$ m，$R=1$ m，$F_A=F_B=200$ N，且相互平行，如图所示，分别求出(a)、(b) 两种情形的合力偶矩 M 的大小和转向。

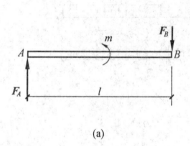

(a)

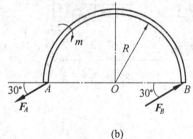

(b)

题 3-79 图

3-80 如图所示构件的支承及荷载情况如图所示。已知 $m_1=15$ kN·m，$m_2=24$ kN·m，$F=F'=600$ N，$l=6$ m，$a=\sqrt{2}$ m，求支座 A、B 的约束力。

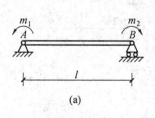

(a)

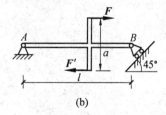

(b)

题 3-80 图

3-81 四连杆机构 $OABO_1$ 在如图所示位置受两个力偶作用而平衡。已知曲柄 $OA=40$ cm，$O_1B=60$ cm，作用在曲柄 OA 上的力偶矩大小为 $m_1=1$ N·m，不计杆重，求力偶矩 m_2 的大小及连杆 AB 所受的力。

3-82 如图所示机构中,$m=1.5$ kN·m,$a=0.3$ m,求 A 与 C 点的约束力。

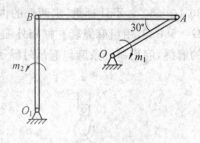

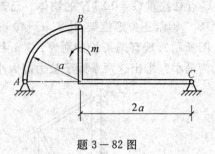

题 3-81 图　　　　　　题 3-82 图

3-83 求图中所示单跨梁的支座反力。

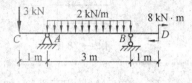

(a)

(b)

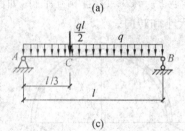

(c)

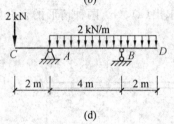

(d)

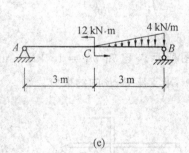

(e)

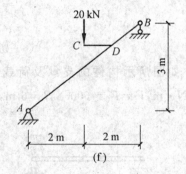

(f)

题 3-83 图

3－84 求图中所示多跨静定梁的支座反力。

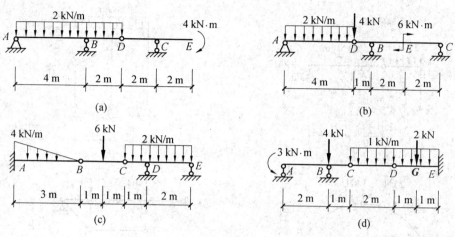

题 3－84 图

3－85 求图中所示刚架的支座反力。

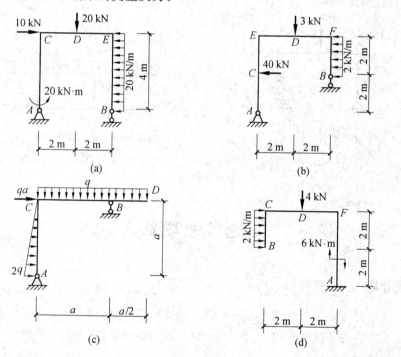

题 3－85 图

3-86 求如图所示结构的支座反力及全部二力杆的内力。

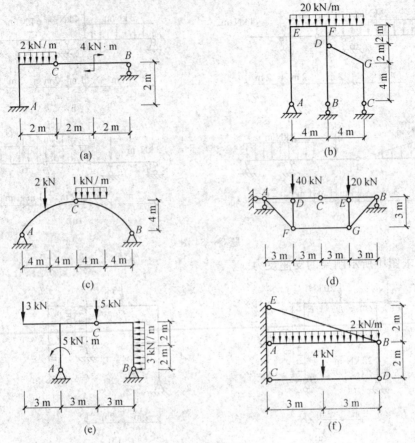

题 3-86 图

习题参考答案

一、是非题

3-1 ×   3-2 ×   3-3 √   3-4 √   3-5 √   3-6 ×   3-7 ×
3-8 √   3-9 ×   3-10 ×   3-11 √   3-12 ×   3-13 ×
3-14 ×   3-15 ×

二、选择题

3-16 A   3-17 B   3-18 D   3-19 C   3-20 B   3-21 B   3-22 A
3-23 D   3-24 B   3-25 B   3-26 C   3-27 D   3-28 B   3-29 C
3-30 D   3-31 D   3-32 A   3-33 B   3-34 D   3-35 D   3-36 C
3-37 B   3-38 D   3-39 D   3-40 A   3-41 D   3-42 C   3-43 B

3-44 D　3-45 D　3-46 D　3-47 A　3-48 C　3-49 D　3-50 C
3-51 D　3-52 A　3-53 C

三、填空题

3-54　一个合力,原力系中所有各力的矢量和,汇交点

3-55　合力等于零,自行封闭

3-56　2,2

3-57　相等

3-58　(b),(a),F_1

3-59　力矩,力臂,有

3-60　力偶矩

3-61　零,无关

3-62　力偶的转向,力偶矩的大小

3-63　$\dfrac{L}{2}(1+\sqrt{3})$

3-64　$m/(2l), m/l$

3-65　无,有,简化结果为一力偶

3-66　一个力偶,一个合力,一个力偶,一个合力

3-67　12,超静定

四、计算分析题

3-68　(a) 投影 $F_x=86.6$ N, $F_y=50$ N,分力的大小与投影大小相等;
　　　(b) 投影 $F_x=86.6$ N, $F_y=70.7$ N,沿 x 轴分力 $F_x=73.2$ N,沿 y 轴分力 $F_y=51.8$ N

3-69　$M_A(\boldsymbol{P})=-2.536$ kN·m(顺时针转), $M_B(\boldsymbol{P})=-9.464$ kN·m(顺时针转), $M_C(\boldsymbol{P})=-3.464$ kN·m(顺时针转)

3-70　(a)Fl;(b)0;(c)$Fl\sin\theta$;(d)$-Fa$;(e)$F(l+r)$;(f)$F\sqrt{a^2+b^2}\sin\theta$

3-71　$F_R=3.7$ kN, $\theta=-13.8°$

3-72　$F_R'=0$ N, $M_O=260$ N·m(逆时针转)

3-73　$M_O=1.414$ kN·m(逆时针转)

3-74　$F_{Rx}=-8.876$ kN, $F_{Ry}=8.373$ kN

3-75　$F_{ND}=896.701$ N, $F_{NE}=732.064$ N

3-76　$F_{BC}=5$ kN(压)

3-77　$F_{BC}=5$ kN(拉), $F_{AC}=8.66$ kN(压)

3-78　第2根绳子拉力最小, $F_{T1}=416.7$ N, $F_{T2}=288.7$ N

3-79　(a)$M=-100$ N·m;(b)$M=100$ N·m

3-80　(a)$F_{Ax}=0$, $F_{Ay}=-1.5$ kN(↓), $F_{By}=1.5$ kN(↑);
　　　(b)$F_A=200$ kN, F_A 与杆 AB 的夹角为$-45°$,指向右下方;

$F_B = 200$ kN, F_B 与杆 AB 的夹角为 $135°$,指向左上方

3-81 $m_2 = 3$ N·m, $F_{AB} = 5$ N(拉)

3-82 $F_A = 2.357$ kN, F_A 与水平线夹角为 $45°$,指向右上方;
$F_C = 2.357$ kN, F_C 与水平线夹角为 $-135°$,指向左下方

3-83 (a) $F_{Ax} = 0, F_{Ay} = 4.33$ kN, $F_{By} = 4.67$ kN;
(b) $F_{Ax} = 0, F_{Ay} = 1$ kN, $M_A = -10$ kN·m;
(c) $F_{Ax} = 0, F_{Ay} = \dfrac{5ql}{6}, F_{By} = \dfrac{2ql}{3}$;
(d) $F_{Ax} = 0, F_{Ay} = 6$ kN, $F_{By} = 8$ kN;
(e) $F_{Ax} = 0, F_{Ay} = 3$ kN, $F_{By} = 3$ kN;
(f) $F_{Ax} = 0, F_{Ay} = 10$ kN, $F_{By} = 10$ kN;

3-84 (a) $F_{Ax} = 0, F_{Ay} = 4$ kN, $F_{By} = 6$ kN, $F_{Cy} = 2$ kN;
(b) $F_{Ax} = 0, F_{Ay} = 4$ kN, $F_{By} = 8.5$ kN, $F_{Cy} = -0.5$ kN;
(c) $F_{Ax} = 0, F_{Ay} = 9$ kN, $M_A = 15$ kN·m, $F_{Dy} = 9$ kN, $F_{Ey} = 0$;
(d) $F_{Ay} = 1$ kN, $F_{By} = 4$ kN, $F_{Ex} = 0, F_{Ey} = 5$ kN, $M_E = -6$ kN·m

3-85 (a) $F_{Ax} = 70$ kN($\rightarrow$), $F_{Ay} = 45$ kN($\uparrow$), $F_{By} = -25$ kN($\downarrow$);
(b) $F_{Ax} = 44$ kN($\rightarrow$), $F_{Ay} = 24.5$ kN($\uparrow$), $F_{By} = -21.5$ kN($\downarrow$);
(c) $F_{Ax} = -2qa$($\leftarrow$), $F_{Ay} = -\dfrac{23}{24}qa$($\downarrow$), $F_{By} = \dfrac{59}{24}qa$($\uparrow$);
(d) $F_{Ax} = -4$ kN($\leftarrow$), $F_{Ay} = 4$ kN($\uparrow$), $M_A = 10$ kN·m(逆时针转)

3-86 (a) $F_{Ax} = 0, F_{Ay} = 3$ kN($\uparrow$), $M_A = 2$ kN·m(逆时针转);
(b) $F_{Ax} = 0, F_{Ay} = 40$ kN($\uparrow$), $F_{By} = 80$ kN($\uparrow$), $F_{Cy} = 40$ kN($\uparrow$);
(c) $F_{Ax} = F_{Bx} = 4$ kN, $F_{Ay} = 3$ kN($\uparrow$), $F_{By} = 3$ kN($\uparrow$);
(d) $F_{Ax} = 0, F_{Ay} = 35$ kN, $F_{By} = 25$ kN, $F_{NFG} = 30$ kN(拉),
$F_{NGB} = F_{NFA} = 42.4$ kN(拉), $F_{NFD} = F_{NGE} = -30$ kN(压);
(e) $F_{Ax} = 3.125$ kN($\rightarrow$), $F_{Ay} = 11.83$ kN($\uparrow$), $F_{Bx} = 8.875$ kN($\rightarrow$)
$F_{By} = -3.83$ kN($\downarrow$);
(f) $F_{Ax} = 24$ kN($\rightarrow$), $F_{Ay} = 6$ kN($\uparrow$), $F_{Cy} = 2$ kN($\uparrow$), $F_{NBD} = 2$ kN(拉),
$F_{NBE} = 25.3$ kN(拉)

第4章

体系的几何组成分析

内容提要

研究体系的几何组成分析时,忽略变形,把杆件视为刚体。

一、平面体系的分类及其几何特征和静力特征

平面体系的分类及其几何特征和静力特征见表 4.1。

表 4.1 平面体系的分类及其几何特征和静力特征

体系分类		几何组成特征		静力特征	
几何不变体系	无多余约束的几何不变体系	约束数目够布置也合理		静定结构:仅由平衡条件就可求出全部反力和内力	可作建筑结构使用
	有多余约束的几何不变体系	约束有多余布置也合理	有多余约束	超静定结构:仅由平衡条件求不出全部反力和内力	
几何可变体系	几何瞬变体系	约束数目够布置不合理		内力为无穷大或不确定	不能作建筑结构使用
	几何常变体系	缺少必要的约束		不存在静力解答	

二、自由度和约束

自由度是指物体运动时可以确定物体位置所需要的独立坐标数目。平面内一质点的自由度等于2,平面内一刚片的自由度等于3。

约束是减少体系自由度的连接装置,对刚片运动起限制作用。常用的约束有链杆、铰和刚结点。

1. 链杆

仅在杆件两端与其他物体以铰相连的刚性构件。一根链杆能减少一个自由度,相当于一个约束。

2. 单铰

连接两个刚片的铰称为单铰。一个单铰可以减少两个自由度,相当于两个约束,也相当于两个链杆。

3. 复铰

连接 n 个刚片的铰称为复铰($n>2$)。相当于 $n-1$ 个单铰,相当于 $2(n-1)$ 个约束。

4. 虚铰

由链杆的延长线的交点而形成的铰称为虚铰,通常又称为瞬铰。虚铰的作用与单铰一样,相当于两个约束。

5. 刚结点

两刚片的刚性连接处称为刚结点。一个刚结点相当于三个约束,即一个刚结点的约束作用相当于三根链杆。

6. 多余约束

不减少体系自由度的约束称为多余约束。尽管多余约束不减少自由度,但能使结构的受力性能和变形性能得到改善。

三、体系的种类

1. 几何不变体系

受到任意荷载作用后,在不考虑材料微小变形的条件下,能保持其几何形状和位置不变的体系。

2. 几何可变体系

由于缺少必要的杆件或杆件布置不合理,在任意荷载作用下,它的形状和位置发生改变的体系。实际工程结构不能采用几何可变体系。

3. 瞬变体系

受到任意荷载作用后,经微小位移由几何可变转变为几何不变的体系。由于瞬变体系能产生很大的内力,所以它也不能用作建筑结构。

四、自由度的计算

结构的自由度 W 的数目应为

$$W=3m-(2h+r)$$

式中,m 为刚片数;h 为单铰数;r 为支座链杆数。

对于桁架体系,自由度计算公式为

$$W=2j-b-r$$

式中,j 为铰结点个数;b 为链杆数(不含支座链杆);r 为支座链杆数。

计算结构的自由度时,要注意:

(1) 复铰要换算成单铰。

(2) 固定铰支座、定向轴承相当于两个支座链杆;固定端支座相当于3个支座链杆。

(3) W 并不一定是体系的实际自由度,仅能说明体系必须的约束数目够不够,即:

当 $W>0$ 时,表明结构缺少足够的约束,一定是几何可变体系。

当 $W=0$ 时,表明结构具有成为几何不变体系所必需的最少约束数目,但三种体系(可变、不变、瞬变)都有存在的可能性。

当 $W<0$ 时,表明结构存在多余的约束,但仍有可能为几何可变体系。

上述分析表明,自由度 $W>0$ 的结构一定是几何可变体系,而自由度 $W\leqslant 0$ 的结构是否是几何不变体系还要取决于体系的具体构造,即 $W\leqslant 0$ 是几何不变体系的必要条件,而不是充分条件。

五、几何不变体系的构成规则

1. 两个刚片的几何组成规则(规则 Ⅰ)

(1) 两个刚片之间用三根不全平行也不全相交于一点的链杆相连,或用一个单铰和一根不通过铰心的链杆相连,将组成无多余约束的几何不变体系。

(2) 两个刚片之间用三根交于一点的虚铰相连,或用三根完全平行但不等长的链杆相连,以及用一个单铰和一根过铰心的链杆相连,将组成瞬变体系。

(3) 两个刚片之间用三根交于一点的实铰相连或用三根平行且等长链杆相连,将组成几何可变体系。

2. 三个刚片的几何组成规则(规则 Ⅱ)

(1) 三个刚片之间用三个不共线的实铰(或虚铰)彼此两两相连时,构成无多余约束的几何不变体系。

(2) 三个刚片之间用三个共线的实铰(或虚铰)彼此两两相连时,构成几何瞬变体系。

3. 加减二元体规则(规则 Ⅲ)

在任意体系上增加或减掉二元体并不改变原体系的几何组成性质。二元体是由两根不在同一直线上的链杆连接一个新结点而组成的构造。

进行几何组成分析时要注意:

(1) 刚片必须是内部几何不变的部分。

(2) 瞬铰是指直接连接两刚片的两根链杆形成的。

(3) 单链杆不能重复使用。

习　　题

一、是非题

4－1　(　)多余约束是体系中不需要的约束。

4－2　(　)有多余约束的体系一定是几何不变体系。

4－3　(　)有些体系为几何可变体系,但却有多余的约束存在。

4－4　(　)在任意荷载作用下,仅用静力平衡方程即可确定全部支座反力和内力的体系是几何不变体系。

4－5　(　)任意两根链杆的约束作用均可相当于一个虚铰。

4—6 （　）连接 4 个刚片的复铰相当于 4 个约束。

4—7 （　）三个刚片由三个单铰或任意六根链杆两两相连，体系必为几何不变体系。

4—8 （　）几何瞬变体系产生的运动非常微小并很快就转变为几何不变体系，因而可以用作工程结构。

4—9 （　）如果体系的计算自由度小于或等于零，那么体系一定是几何不变体系。

4—10 （　）若一个体系是有 n 个自由度的几何可变体系，那么加入 n 个约束后就成为无多余约束的几何不变体系。

4—11 （　）约束是减少体系自由度的连接装置。

4—12 （　）连接是指两刚片之间有直接相连的约束，可分为铰结点（包括虚铰）和链杆（包括等效代换的链杆）。

4—13 （　）刚片是指其内部几何不变。它可以是一根杆或者一几何不变且没有（或有）多余约束的构造单元。

4—14 （　）当一个体系的计算自由度为 0 时，则为几何不变体系。

4—15 （　）自由度是指物体运动时可以独立变化的几何参数数目也就是确定物体位置所需的独立坐标数。

4—16 （　）几何可变体系在任何荷载作用下都不能平衡。

4—17 （　）三个刚片由三个铰相连的体系一定是静定结构。

4—18 （　）有多余约束的体系一定是超静定结构。

4—19 （　）几何瞬变体系产生的内力很大，不能用作工程结构。

4—20 （　）几何瞬变体系的计算自由度一定等于零。

4—21 （　）几何不变体系的计算自由度一定等于零。

4—22 （　）连接两个刚片或两个以上刚片的铰称为复铰。

4—23 （　）在一刚片上增加二元体（两根不共线链杆组成一新结点的构造），仍然为几何不变体系。

4—24 （　）图示体系中，去掉其中任意两根支座链杆后，余下部分都是几何不变的。

4—25 （　）图示体系中，去掉 1—5，3—5，4—5，2—5 四根链杆后，得简支梁 12，故该体系为具有 4 个多余约束的几何不变体系。

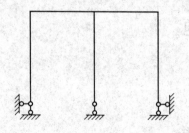

题 4—24 图

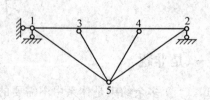

题 4—25 图

二、选择题

4−26 两个刚片用三根链杆连接而成的体系为_____。
A. 几何不变体系
B. 几何可变体系
C. 几何瞬变体系
D. 几何不变体系、几何可变体系或几何瞬变体系

4−27 将三个刚片组成无多余约束的几何不变体系,必要的约束数目是_____个。
A. 2　　　　B. 3　　　　C. 4　　　　D. 6

4−28 三个刚片组成无多余约束的几何不变体系,其连接方式是_____。
A. 以 3 对平行链杆相连
B. 以任意的 3 个铰相连
C. 以不在一条直线上的 3 个铰相连
D. 以 3 个无穷远处的虚铰相连

4−29 从一个无多余约束的几何不变体系上去除二元体后得到的新体系是_____。
A. 无多余约束的几何不变体系
B. 几何可变体系
C. 几何瞬变体系
D. 有多余约束的几何不变体系

4−30 一根链杆_____。
A. 可减少两个自由度
B. 可减少一个自由度,本身有三个自由度
C. 有一个自由度
D. 有两个自由度

4−31 作为结构的体系应该是_____。
A. 几何不变体系
B. 几何可变体系
C. 几何瞬变体系
D. 几何不变体系或几何瞬变体系

4−32 某几何不变体系的计算自由度 $W=-3$,则体系的_____。
A. 自由度 $=3$
B. 自由度 $=0$
C. 多余约束数 $=3$
D. 多余约束数 >3

4－33　图中哪个体系中的1点是二元体？

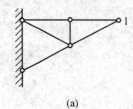
(a)

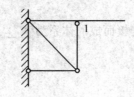
(b)

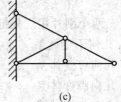
(c)

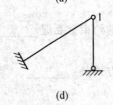
(d)

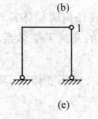
(e)

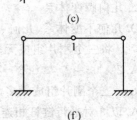
(f)

题 4－33 图

A．(a)、(c)、(d)
B．(a)、(b)、(c)、(d)
C．(a)、(b)、(e)
D．全是

4－34　如图所示体系应是_____。
A．无多余约束的几何不变体系
B．有多余约束的几何不变体系
C．几何瞬变体系
D．几何可变体系

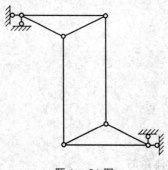

题 4－34 图

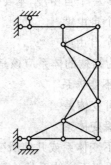

题 4－35 图

4－35　如图所示体系应是_____。
A．无多余约束的几何不变体系
B．有多余约束的几何不变体系
C．几何瞬变体系
D．几何可变体系

第 4 章　体系的几何组成分析

4-36　平面体系几何组成的基本规则不包括_____。
　　A. 二元体规则　　　　　　　　　　B. 两刚片规则
　　C. 三刚片规则　　　　　　　　　　D. 四刚片规则

4-37　三个刚片用三个铰两两相互连接而成的体系是_____体系。
　　A. 几何不变　　　　　　　　　　　B. 几何常变
　　C. 几何瞬变　　　　　　　　　　　D. 几何不变或几何常变或几何瞬变

4-38　连接三个刚片的铰结点,相当的约束个数为_____。
　　A. 2 个　　　　B. 3 个　　　　C. 4 个　　　　D. 5 个

4-39　两个刚片,用三根链杆连接而成的体系是_____。
　　A. 几何常变　　　　　　　　　　　B. 几何不变
　　C. 几何瞬变　　　　　　　　　　　D. 几何不变或几何常变或几何瞬变

4-40　图示体系是_____。
　　A. 几何瞬变有多余约束　　　　　　B. 几何不变
　　C. 几何常变　　　　　　　　　　　D. 几何瞬变无多余约束

4-41　图示体系的几何组成为_____。
　　A. 几何不变无多余联系　　　　　　B. 几何不变有 1 个多余联系
　　C. 瞬变　　　　　　　　　　　　　D. 常变

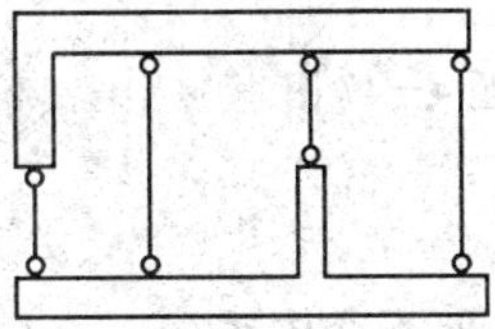

题 4-40 图 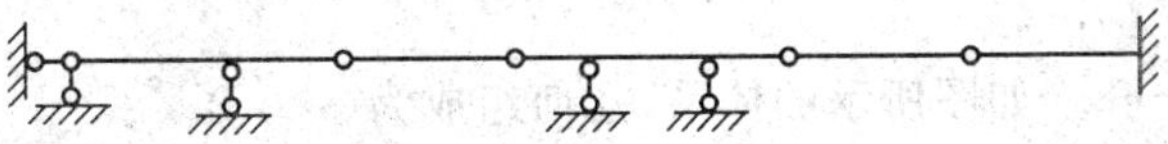　　　　　　　　　　　　题 4-41 图

4-42　图示平面体系的几何组成性质是_____。
　　A. 几何不变且无多余联系　　　　　B. 几何不变且有多余联系
　　C. 几何可变　　　　　　　　　　　D. 瞬变

4-43　图示平面体系的几何组成性质是_____。
　　A. 几何不变且无多余联系　　　　　B. 几何不变且有 1 个多余联系
　　C. 几何可变　　　　　　　　　　　D. 瞬变

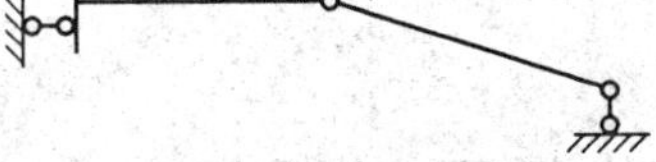

题 4-42 图 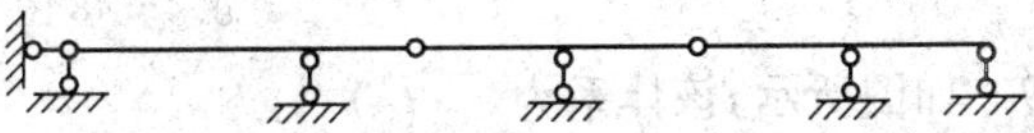　　　　　　　　　　　　题 4-43 图

4-44　静定结构在几何构造上的特征是_____。
　　A. 有多余约束　　　　　　　　　　B. 无多余约束
　　C. 计算自由度等于零　　　　　　　D. 几何不变

4-45　瞬变体系不能用作结构的原因是_____。
　　A.体系有初始运动
　　B.瞬变体系在很小外力作用下会产生很大的内力和位移
　　C.结构设计中要满足强度和刚度条件
　　D.瞬变体系给人一种不安全感

4-46　图示体系是_____。
　　A.无多余联系的几何不变体系　　　B.几何瞬变体系
　　C.有多余联系的几何不变体系　　　D.有多余联系的几何可变体系

4-47　图示体系是_____。
　　A.几何不变体系　　　　　　　　　B.几何可变体系
　　C.无多余联系的几何不变体系　　　D.瞬变体系

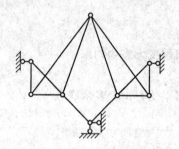

题 4-46 图

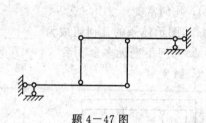

题 4-47 图

4-48　如图所示的体系,几何组成为(　　)。
　　A.无多余约束的几何不变体系　　　B.有多余约束的几何不变体系
　　C.瞬变体系　　　　　　　　　　　D.常变体系

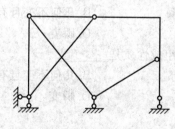

题 4-48 图

4-49　如图所示,该体系为(　　)。
　　A.有多余约束的几何不变体系　　　B.无多余约束的几何不变体系
　　C.常变体系　　　　　　　　　　　D.瞬变体系

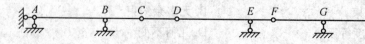

题 4-49 图

4—50　如图所示,该体系为(　　)。

　　A. 没有多余约束的几何不变体系

　　B. 有多余约束的几何不变体系

　　C. 有多余约束的几何常变体系

　　D. 有多余约束的瞬变体系

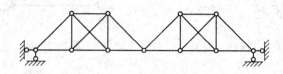

题 4—50 图

4—51　如图所示的平面体系,几何组成为(　　)。

　　A. 几何不变无多余约束　　　B. 几何不变有多余约束

　　C. 几何常变　　　　　　　　D. 几何瞬变

4—52　如图所示,体系的几何组成为(　　)。

　　A. 几何不变且无多余约束

　　B. 几何不变有一个多余约束

　　C. 常变体系

　　D. 瞬变体系

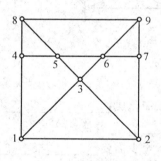　　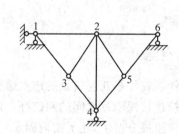

题 4—51 图　　　　　　题 4—52 图

4—53　如图所示,该体系为(　　)。

　　A. 有多余约束的几何不变体系

　　B. 无多余约束的几何不变体系

　　C. 常变体系

　　D. 瞬变体系

4—54　如图所示的体系,几何组成为(　　)。

　　A. 常变体系

　　B. 瞬变体系

　　C. 无多余约束几何不变体系

　　D. 有多余约束几何不变体系

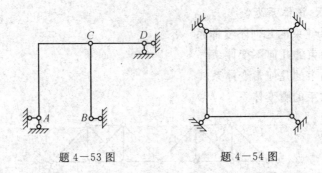

题 4—53 图　　　　　题 4—54 图

4—55　如图的体系，几何组成为(　　　)。
　　A. 常变体系
　　B. 瞬变体系
　　C. 无多余约束的几何不变体系
　　D. 有多余约束的几何不变体系

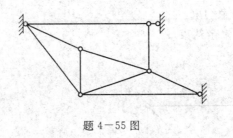

题 4—55 图

三、填空题

4—56　杆件与杆件相互连接处的结点通常可以简化成_____、_____和_____。

4—57　直接连接两刚片之间的两链杆，可用其_____替换。

4—58　几何组成分析中，在平面内固定一个点，至少需要_____根_____约束。

4—59　三个刚片用三个共线的单铰两两相连，则该体系是_____。

4—60　连接两个刚片的任意两根链杆的延长线交点称为_____，它的位置是_____。

4—61　几何瞬变体系的内力为_____或_____。

4—62　连接两刚片的一个单铰可以看作连接该两刚片的两根_____。

4—63　对平面体系做几何组成分析时，所谓的自由度是指_____。

4—64　平面内一根链杆自由运动时自由度等于_____。

4—65　从几何分析角度讲，静定结构和超静定结构都是_____体系，前者_____多余约束，而后者_____多余约束。

4—66　平面体系可分为几何可变与几何不变体系。其中几何可变体系又分为_____体系和_____体系两种。静定与超静定结构均属于_____体系。

4—67　在不考虑材料_____的条件下，体系的位置和形状不能改变的体系称为几何

_____体系。

4—68 对体系作几何组成分析时,不考虑杆件变形而只研究体系的_____。

4—69 静定结构的几何特征为_____。

4—70 所谓虚铰是指_____,所谓复铰是指_____。

4—71 根据平面体系计算自由度公式即可判定其体系是_____体系。

4—72 几何不变体系的必要条件是计算自由度 W=_____,充分条件是满足_____规则。

4—73 若要使图示平面体系成为几何不变,且无多余约束,需添加链杆(包括支座链杆)的最少数目为_____。

4—74 图示体系按几何组成分析,是_____体系,它有_____个多余约束。

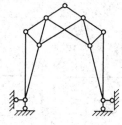

题 4—73 图

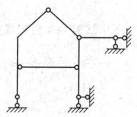

题 4—74 图

4—75 图示体系是_____体系。

4—76 图示体系是_____体系。

题 4—75 图   题 4—76 图

4—77 若使图示体系成为无多余约束的几何不变体系时,则需在 B 处添加_____。

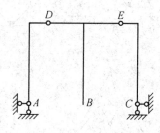

题 4—77 图

四、分析题

4-78 试作如图所示结构的几何组成分析。

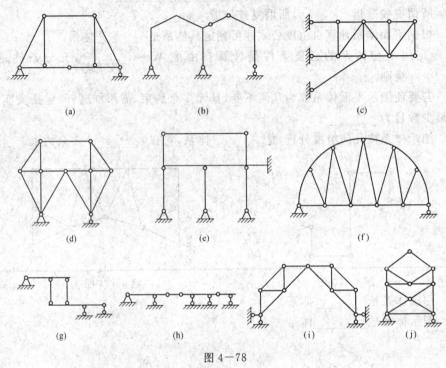

图 4-78

4-79 试作如图所示结构的几何组成分析。

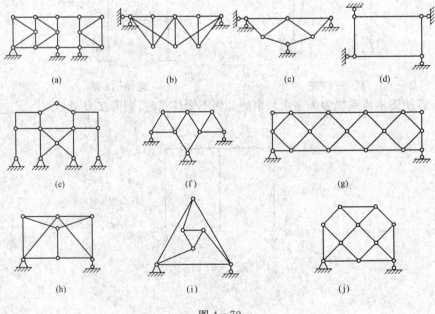

图 4-79

4-80 试作如图所示结构的几何组成分析。

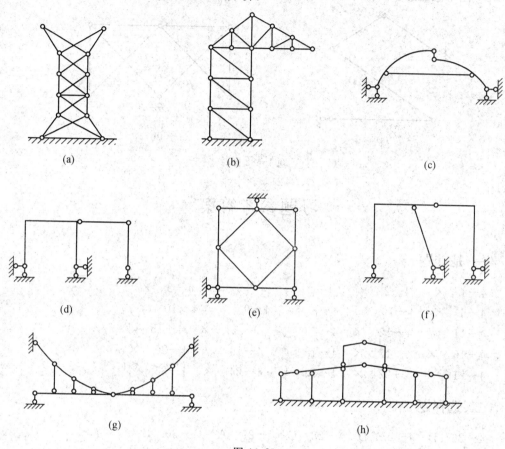

图 4-80

4-81 试作如图所示结构的几何组成分析。

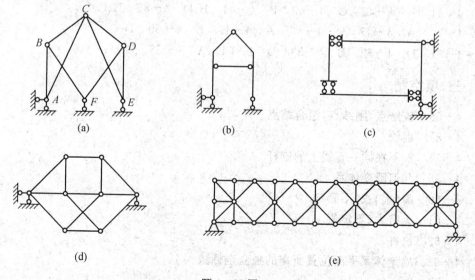

题 4-81 图

4-82 图中添加最少数目的链杆和支承链杆,使体系成为几何不变,而且无多余约束。

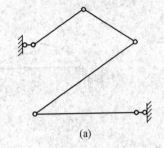
(a)

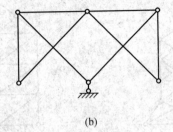
(b)

题 4-82 图

习题参考答案

一、是非题

4-1 × 4-2 × 4-3 √ 4-4 √ 4-5 ×
4-6 × 4-7 × 4-8 × 4-9 × 4-10 ×
4-11 √ 4-12 × 4-13 √ 4-14 × 4-15 √
4-16 × 4-17 × 4-18 × 4-19 √ 4-20 ×
4-21 × 4-22 × 4-23 √ 4-24 × 4-25 ×

二、选择题

4-26 D 4-27 D 4-28 C 4-29 A 4-30 B
4-31 A 4-32 C 4-33 C 4-34 A 4-35 A
4-36 D 4-37 D 4-38 C 4-39 D 4-40 A
4-41 B 4-42 C 4-43 B 4-44 B,D 4-45 B,C
4-46 A 4-47 C 4-48 A 4-49 B 4-50 D
4-51 D 4-52 B 4-53 B 4-54 A 4-55 D

三、填空题

4-56 铰结点,刚结点,组合结点

4-57 虚铰

4-58 2,不在同一直线上的链杆

4-59 几何瞬变体系

4-60 瞬(虚)铰,不固定

4-61 无穷大,不定值

4-62 链杆

4-63 确定体系平面位置所需的独立坐标数

4-64 3

4—65　几何不变,无,有
4—66　常变,瞬变,几何不变
4—67　应变,不变
4—68　刚体运动
4—69　几何不变,无多余约束
4—70　由链杆的延长线的交点而形成的铰,连接 n 个刚片的铰
4—71　几何可变
4—72　0,三个规则之一
4—73　5
4—74　几何不变,4
4—75　无多余约束的几何不变体系
4—76　无多余约束的几何不变体系
4—77　水平链杆

四、分析题

4—78　(a),(c),(d),(h),(i)为无多余约束的几何不变体系；
　　　(b)为几何可变体系；
　　　(e)为有 4 个多余约束的几何不变体系；
　　　(f)为有 5 个多余约束的几何不变体系；
　　　(g),(j)为几何瞬变体系

4—79　(a),(b),(c),(d),(f),(h),(i),(j)为无多余约束的几何不变体系；
　　　(e)为有一个多余约束的几何不变体系；
　　　(g)为几何可变体系

4—80　(a)为有一个多余约束的几何不变体系；
　　　(b),(c),(e),(f),(g)为无多余约束的几何不变体系；
　　　(d)为几何可变体系；
　　　(h)为几何瞬变体系

4—81　(a),(b)为无多余约束的几何不变体系；
　　　(c),(d)为瞬变体系；
　　　(e)为有一个多余约束的几何不变体系

4—82　(a)加 4 个根,可有不同方案；
　　　(b)加 3 个根,可有不同方案

第5章

平面静定桁架

内容提要

本章讨论平面静定桁架的分类及其组合结构的内力计算。桁架的内力计算是在符合基本假设的前提条件下进行的,即桁架各杆为二力杆(拉力或压力),桁架内力为轴力。静定平面桁架的内力计算主要采用结点法与截面法。

一、基本概念

(1)桁架只受结点荷载的直杆铰结体系,称为桁架结构。

(2)桁架各杆件内力只有轴力(受拉或受压),亦称为"二力杆"。

(3)根据结构组成规则,若是先组成三角形,然后按二元体组成桁架时,则称为简单桁架;由几个简单桁架按二、三刚片组成规则构造的静定结构,称为联合桁架。除这两类以外的其他桁架称为复杂桁架。

(4)仅在竖向荷载作用下,不会产生水平反力的桁架称为梁式桁架;而仅在竖向荷载作用下会产生水平反力的桁架,则称为拱式桁架。

二、计算方法

(1)基本方法:① 结点法;② 截面法。

(2)步骤:作几何构造分析;求支座反力;判定零杆;内力分析。简单桁架应用结点法;联合桁架首先切断联合杆件;复杂桁架可先求出各"刚片"的约束力,再进行各"刚片"的内力分析。

① 结点法:以桁架结点为研究对象,结点承受汇交力系作用。提供两个平衡方程:$\sum F_x = 0$ 和 $\sum F_y = 0$。

② 截面法:以桁架的某一部分为研究对象,此时,该部分为一般力系,提供三个平衡方程:$\sum F_x = 0$、$\sum F_y = 0$ 及 $\sum M = 0$。根据所采用的方程性质,又可分投影法($\sum F_x = 0$、$\sum F_y = 0$)和力矩法($\sum M = 0$)。为避免解联立方程,应适当选取投影轴或力矩中心,尽量使每一个平衡方程只包含一个未知力。

对于复杂桁架、联合桁架及简单桁架中的某些特殊情况,灵活地组合运用结点法和截面法。

三、简化计算

采用以下方法可简化计算:

(1) 利用相似关系式:即 $\dfrac{F_N}{l} = \dfrac{F_x}{l_x} = \dfrac{F_y}{l_y}$,先求分力再求合力。

(2) 对称性的利用:杆件轴线、结构的支座对某轴线对称的静定结构,称为对称结构。对称结构在对称或反对称的荷载作用下,结构的内力和变形必然对称或反对称,称为对称性。因此,只要计算对称轴一侧的杆内力,另一侧杆件的内力可由对称性直接得到。

(3) 判定零杆:零内力杆简称零杆。

(4) 平衡方程采用力矩式:适当选择矩心位置,使力矩方程式中只包含一个未知力。在结点法中,每个结点未知力至多不超过两个,矩心可选在一个未知力的作用线上;在截面法中,通常有三个未知力,矩心选在两个未知力交点,求得另一个未知力,若两未知力相互平行,则利用对垂直于该二力轴的投影,求出另一个未知力。

(5) 利用力的可传递性:当研究隔离体平衡时,隔离体可看成刚体,其上作用的外力具有可传递性。把斜杆的轴力沿其作用线移到合适位置再分解,便于求力臂。

习 题

一、是非题

5—1 ( ) 所谓零杆,即该杆的轴力为零,故该杆从该静定结构中去掉,并不影响结构的功能。

5—2 ( ) 设桁架结点个数为 j,未知约束链杆数(包括支杆)为 b,若存在 $2j=b$ 的关系,并仅采用结点法,可以求得各杆轴力和支座反力。

5—3 ( ) 在桁架分析中,为了不解联立方程,便于求出力臂,往往在隔离体上将某一杆件的轴力沿其作用线移到合适的位置再分解,这种作法实质是应用了力的可传递性原理。

5—4 ( ) 图示对称桁架中,杆 1 至 8 的轴力等于零。

5—5 ( ) 图示桁架中,有 $F_{N1}=F_{N2}=F_{N3}=0$。

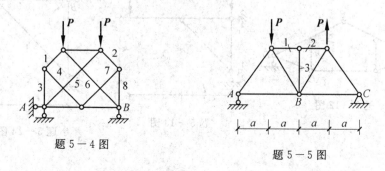

题 5—4 图   题 5—5 图

5—6　(　)图示桁架 DE 杆的内力为零。

5—7　(　)图示桁架杆件 AB、AF、AG 内力都不为零。

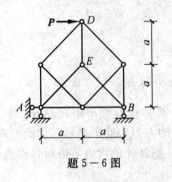

题 5—6 图

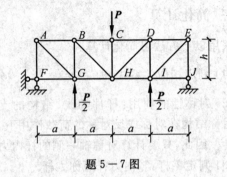

题 5—7 图

5—8　(　)图示桁架中杆 1 的轴力:图(a)中 $F_{N1}=1.414P$;图(b)中 $F_{N1}=0$。

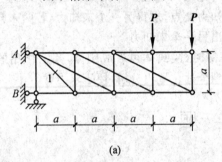

(a)

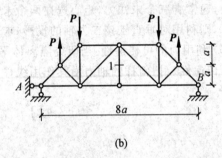

(b)

题 5—8 图

5—9　(　)采用组合结构主要是为了减少梁式杆件的弯矩,充分发挥材料强度,节省材料。

5—10　(　)组合结构的一个特点是有组合结点(即半铰)。

5—11　(　)组合结构中,链杆(桁式杆)的内力是轴力,梁式杆的内力只有弯矩和剪力。

5—12　(　)图示结构中,支座反力为已知值,则由结点 D 的平衡条件即可求得 F_{NCD}。

5—13　(　)图示结构中杆 1 的轴力 $F_{N1}=0$。

5—14　(　)图示结构中杆 1 的轴力 $F_{N1}=-\sqrt{2}P$。

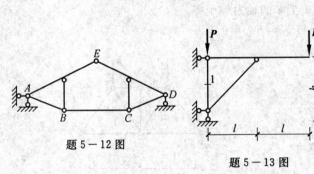

题 5—12 图　　题 5—13 图

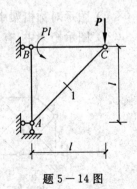

题 5—14 图

二、选择题

5-15 图示桁架中,当仅增大桁架高度,其他条件均不变时,杆 1 和杆 2 的内力变化是_____。

A. F_{N1}、F_{N2} 均减小　　B. F_{N1}、F_{N2} 均不变

C. F_{N1} 减小,F_{N2} 不变　　D. F_{N1} 增大,F_{N2} 不变

5-16 图示桁架中杆 1 和杆 2 的内力值为_____。

A. $F_{N1} = F_{N2} = 0$　　B. $F_{N1} < 0, F_{N2} < 0$

C. $F_{N1} = -F_{N2}$　　D. $F_{N1} > 0, F_{N2} > 0$

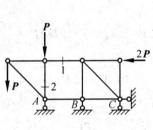

题 5-15 图

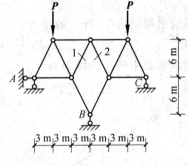

题 5-16 图

5-17 图示桁架中 1、2、3、4 杆内力值为_____。

A. $F_{N1} = F_{N2} = 0, F_{N3} = F_{N4} \neq 0$

B. $F_{N1} = F_{N2} \neq 0, F_{N3} = F_{N4} = 0$

C. $F_{N1} = F_{N2} \neq 0, F_{N3} = F_{N4} \neq 0$

D. $F_{N1} = F_{N2} = F_{N3} = F_{N4} = 0$

5-18 图示结构当高度增加时,杆 1 的内力_____。

A. 增大　　B. 不变

C. 不确定　　D. 减小

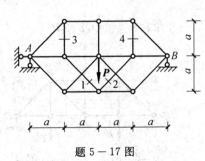

题 5-17 图

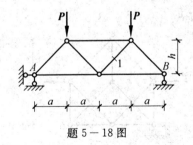

题 5-18 图

5-19 图示两桁架中杆 AB 的内力分别记为 F_{N1} 和 F_{N2}，二者关系为_____。

A. $F_{N1} > F_{N2}$　　B. $F_{N1} < F_{N2}$　　C. $F_{N1} = F_{N2}$　　D. $F_{N1} = -F_{N2}$

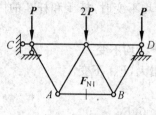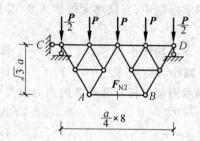

题 5-19 图

5-20 图示桁架结构中，杆 1 的轴力为_____。

A. $-P$　　　　B. $-1.414P$　　　　C. $-2.732P$　　　　D. $-1.732P$

5-21 图示桁架中杆 1 的轴力为_____。

A. 0　　　　B. $-\sqrt{2}P$　　　　C. $\sqrt{2}P/2$　　　　D. $\sqrt{2}P$

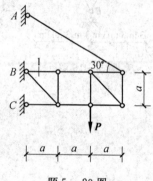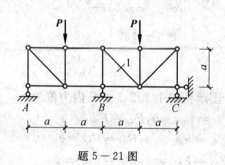

题 5-20 图　　　　　　　　　　题 5-21 图

5-22 (1) 图(a)所示桁架杆 1 的内力为_____。

A. $-\sqrt{2}/4\,P$　　B. $\sqrt{2}/4\,P$　　C. $-\sqrt{2}\,P$　　D. 0

(2) 图(b)所示桁架杆 AB 的内力为_____。

A. $2P$　　　　B. 0　　　　C. $-2\sqrt{2}\,P$　　　　D. $2\sqrt{2}\,P$

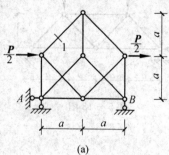

题 5-22 图

5-23 图示结构中,当荷载及 h 保持不变而 h_1 增大、h_2 减小时,链杆 DE 与 DF 内力绝对值的变化为_____。

  A. F_{NDE} 不变, $|F_{NDF}|$ 增大
  B. F_{NDE} 增大, $|F_{NDF}|$ 增大
  C. F_{NDE} 不变, $|F_{NDF}|$ 减小
  D. F_{NDE} 减小, $|F_{NDF}|$ 不变

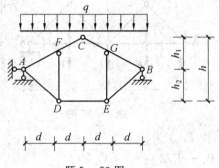

题 5-23 图

5-24 图示结构中杆 1 的轴力为_____。
  A. $-ql/2$ B. 0 C. $-ql$ D. $-2ql$

5-25 图示结构 B 支座反力 F_B 为_____。
  A. P B. $P/2$ C. $P/3$ D. $2P$

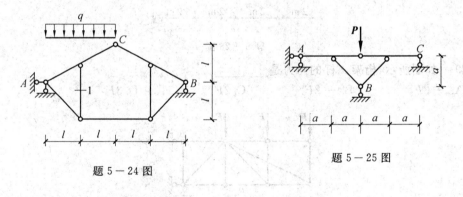

题 5-24 图 题 5-25 图

5-26 如图所示的桁架中杆 a 和杆 b 的内力为_____。
  A. $-F, \sqrt{2}F$ B. $F, \sqrt{2}F$ C. $-F, -\sqrt{2}F$ D. $-F, -\sqrt{2}F$

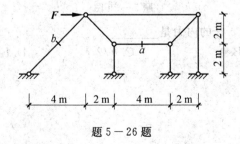

题 5-26 题

5-27 如图所示,桁架中1杆的内力为_____。

A. F　　　B. 1.5F　　　C. 2F　　　D. 2.5F

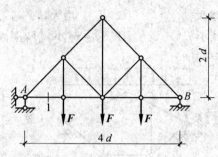

题 5-27 图

5-28 如图所示,该结构 F_{NAB} 为_____。

A. $-F$　　　B. $-F/2$　　　C. $F/2$　　　D. F

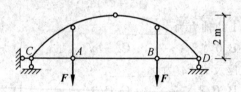

题 5-28 图

5-29 如图所示,桁架 a 杆的内力是_____。

A. $-3F$　　　B. $-2F$　　　C. $2F$　　　D. $3F$

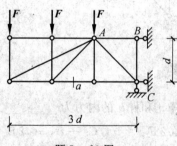

题 5-29 图

5-30 如图所示,桁架 c 杆的内力是_____。

A. $-F/2$　　　B. 0　　　C. $F/2$　　　D. F

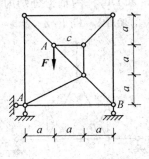

题 5-30 图

5-31 平面桁架中的 AF、BE、CG 三杆铅直，DE、FG 两杆水平，在结点 D 作用一铅垂向下的力 F，如图所示，其中 BE 杆内力 F_{NBE} 的大小为_____。

A. $F_{NBE}=F$ B. $F_{NBE}=-F$ C. $F_{NBE}=\sqrt{2}F$ D. $F_{NBE}=-\sqrt{2}F$

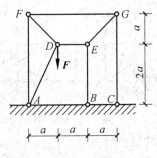

题 5-31 图

5-32 不经计算，通过直接判定得知图中所示桁架中零力杆的数目为_____根。

A. 4   B. 5   C. 6   D. 7

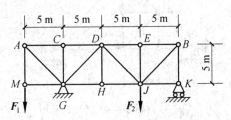

题 5-32 图

5-33 如图所示，结构 CD 杆的内力是_____。

A. $-F/2$ B. 0   C. $F/2$ D. F

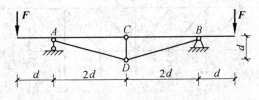

题 5-33 图

5－34　如图所示的桁架中，GF 和 DC 杆的轴力分别为_____。
A. $-F,-F/2$　　B. $-F/2,0$　　C. $F/2,0$　　D. $F,F/2$

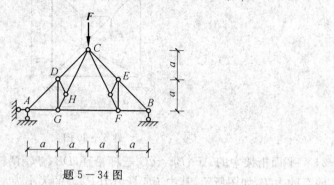

题 5－34 图

5－35　如图所示的桁架，零杆数目为_____。
A. 6　　　　B. 7　　　　C. 8　　　　D. 9

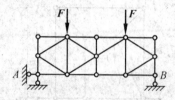

题 5－35 图

5－36　如图所示的桁架，杆 1 的轴力为_____。
A. $F/2$　　B. $0.707F$　　C. $3F/4$　　D. $1.414F$

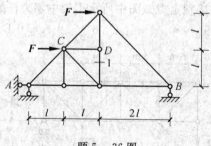

题 5－36 图

5－37　如图所示，桁架杆 1、杆 2 的内力分别为_____。
A. $0.5F, 3.33F$　　　　　　B. $-3.75F, 3.33F$
C. $0.65F, 0.5F$　　　　　　D. $-3.75F, 0.65F$

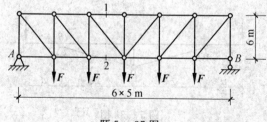

题 5－37 图

5－38　如图所示,该结构杆1轴力一定为_____。

A. 0　　　　　　B. 2F（拉力）　　C. 0.5F（压力）　　D. 0.5F（拉力）

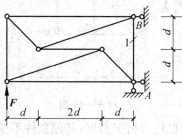

题 5－38 图

5－39　如图所示的结构,杆1的轴力为_____。

A. $-P$　　　　B. $-0.5P$　　　C. 0　　　　　D. P

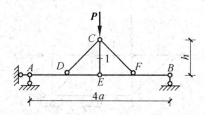

题 5－39 图

5－40　如图所示的桁架,杆1的内力 F_{N1} 为_____。

A. 0　　　　　B. $\dfrac{P}{2}$　　　　C. $-\dfrac{P}{2}$　　　　D. $\dfrac{P}{4}$

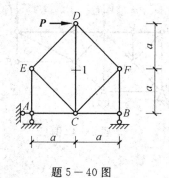

题 5－40 图

5－41　如图所示的结构,CF 杆的轴力为_____。

A. 2P（拉）　　B. P/3（拉）　　C. 4P（拉）　　D. 4P（压）

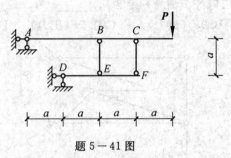

题 5－41 图

5－42 如图所示的桁架,当仅增大桁架高度,其他条件不变时,对杆 1 和杆 2 的内力影响是_____。

A. F_{N1}, F_{N2} 均减少 B. F_{N1}, F_{N2} 均不变

C. F_{N1} 减少, F_{N2} 不变 D. F_{N1} 增大, F_{N2} 不变

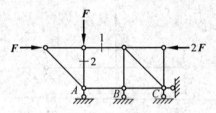

题 5－42 图

5－43 不经计算,可直接判定图中所示桁架零杆的根数为_____。

A. 4 B. 5 C. 8 D. 9

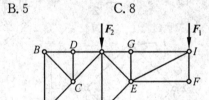

题 5－43 图

三、填空题

5－44 由一个基本铰结三角形依次增加二元体而组成的桁架称为_____,其内力分析可按几何组成进行。由几个简单桁架按几何不变体系的简单组成规则联合组成的桁架称为_____,其内力分析的要点是,首先切断_____。除按上述两种方式以外组成的其他静定桁架称为_____。

5-45　对桁架进行内力分析时,若所取隔离体只包含一个结点,称为_____法;若所取隔离体不止一个结点,则称为_____法。

5-46　桁架用结点法选取的隔离体上,其作用力系为_____力系,故只能求出_____根杆件的轴力;而桁架用截面法选取的隔离体上,其作用力系为_____力系,故切断的杆件一般不能超过三根。

5-47　组合结构是指由链杆和受弯杆件_____的结构,其中链杆只受_____,受弯杆件同时受_____和_____。

5-48　组合结构分析的步骤一般是,先求_____,然后再计算各链杆轴力,最后再分析_____的内力。

5-49　一组平衡力系作用在静定结构的某一几何_____部分,则结构其余部分内力为_____。

5-50　图示桁架中杆1和杆2的轴力 $F_{N1}=$_____,$F_{N2}=$_____。

5-51　图示桁架中杆1和杆2的轴力 $F_{N1}=$_____,$F_{N2}=$_____。

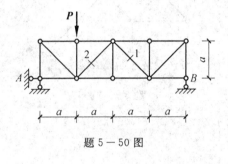

题 5-50 图

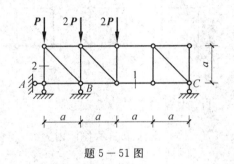

题 5-51 图

5-52　图示桁架1、2杆的内力分别为 $F_{N1}=$_____,$F_{N2}=$_____。

5-53　图示桁架上弦结点均落在一抛物线轨迹上。在图示荷载作用下,节间1-2下弦的内力与上弦杆水平分力的关系是_____。

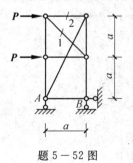

题 5-52 图

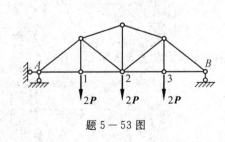

题 5-53 图

5-54 图示两桁架中斜杆1的内力 F_{N1}，其大小_____，性质_____。

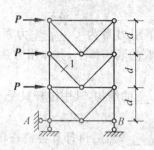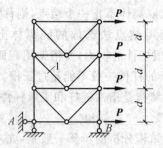

题 5-54 图

5-55 图示桁架中内力为零的杆件有_____根。

5-56 图示结构中内力为零的杆件有_____根。

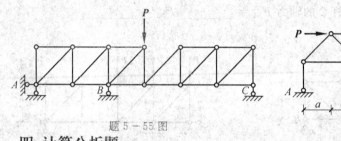

题 5-55 图

题 5-56 图

四、计算分析题

5-57 用结点法求图示各杆内力。

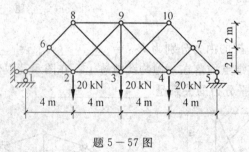

题 5-57 图

5-58 用截面法和结点法求图示 a、b 杆内力。

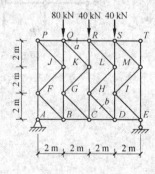

题 5-58 图

5-59 试用截面法和结点法或对称性求如图所示杆 a 的内力。

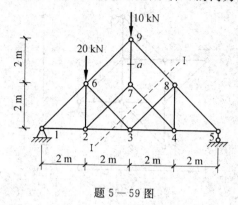

题 5-59 图

5-60 试求如图所示桁架中 a、b 杆的内力 F_{Na}、F_{Nb}。

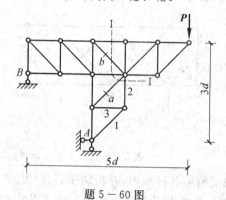

题 5-60 图

5-61 求如图所示桁架中 a、b、c 杆的内力 F_{Na}、F_{Nb}、F_{Nc}。

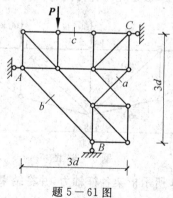

题 5-61 图

5—62 求图示桁架中支座反力。

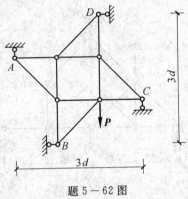

题 5—62 图

5—63 求图示桁架中支座反力。

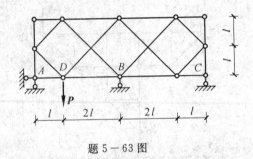

题 5—63 图

5—64 用结点法计算图示桁架各杆轴力,并将结果直接标注在结构图上。

提示:(1) 求反力;(2) 一个结点提供两个平衡方程。因此,宜从只有两个未知轴力的结点开始依次进行计算。一般是先计算分力,再计算合力。

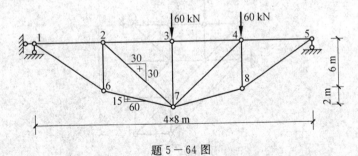

题 5—64 图

5—65 用结点法计算图(a)所示桁架各杆轴力,并将结果直接标注在图(b)上。

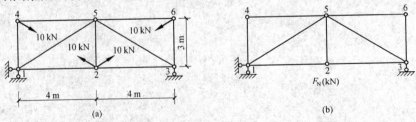

题 5—65 图

5—66 平衡条件判断图示零杆。

提示:(1) 注意到图(a)结点 T 及力的传递路线;

(2) 图(b)中支座 B 处的约束特点;

(3) 图(c)中结点 C 的对称性。

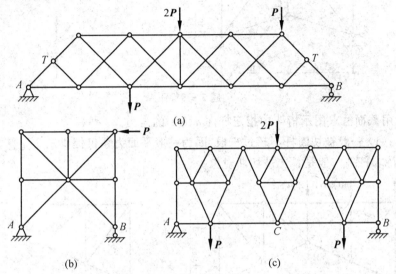

题 5—66 图

5—67 用截面法求图示桁架中指定杆件的内力。

提示:(1) 一般被切断杆不超过三根,因为一般平面力系仅提供三个平面方程;

(2) 待求杆件一般是首选被切断对象。

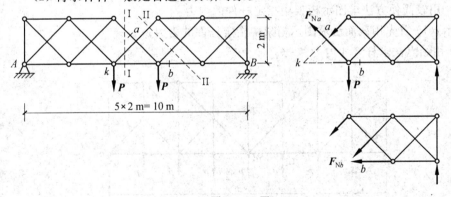

题 5—67 图

5—68 求图示桁架杆 a、b 的内力。

提示:利用对称性。

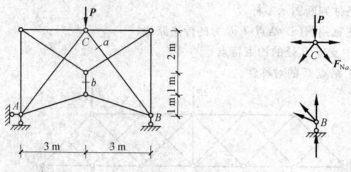

题 5－68 图

5－69 用截面法求图示桁架中指定杆件 a、b、c 的内力。

提示：(1) 一般被切断杆不超过三根，因为一般平面力系仅提供三个平衡方程；
(2) 待求杆件一般是首选被切断对象。

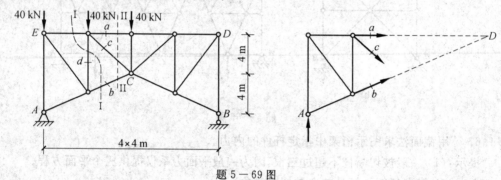

题 5－69 图

5－70 用较简便方法求图示桁架中指定杆件的内力。

提示：(1) 首先用截面法求图示桁架中指定杆件的内力；
(2) 用结点法求杆 3、4 内力。

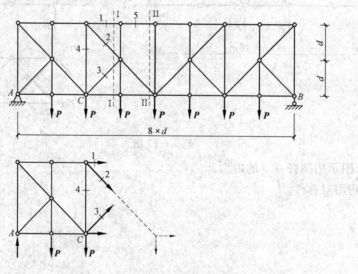

题 5－70 图

5—71 用较简便方法求图示桁架中指定杆件的内力。

提示:(1)斜杆 F_{Na} 的水平向分力担负所在节间剪力的 1/3;

(2)用结点法求杆 b 的内力。

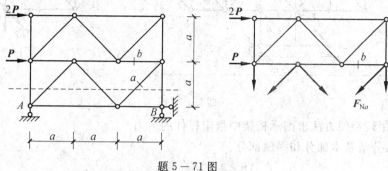

题 5—71 图

5—72 用较简便方法求图示桁架中指定杆件 a 的内力。

提示:利用对称性。

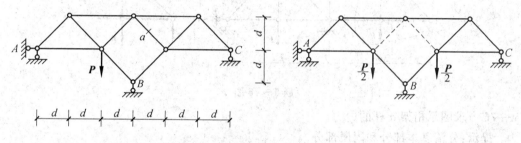

题 5—72 图

5—73 用较简便方法求图示桁架中指定杆件的内力。

提示:(1)求反力,判断零杆;

(2)利用对称性求杆件轴力。

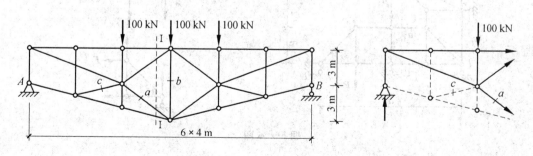

题 5—73 图

5—74 用较简便方法求图示桁架中指定杆件的内力。

提示:(1)悬臂桁架可不求反力;

(2)判断零杆;

(3)求杆 b 时,以 K 点为力矩中心。

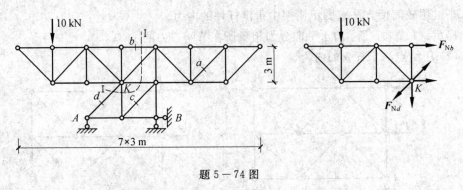

题 5—74 图

5—75 用较简便方法求图示桁架中指定杆件的内力。

提示：分清基本部分和附属部分。

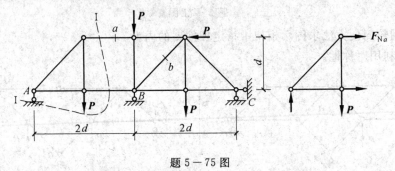

题 5—75 图

5—76 求图示桁架 a 杆的内力。

提示：分清基本部分和附属部分。

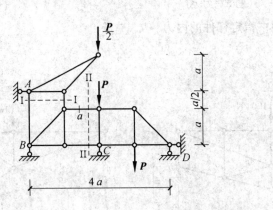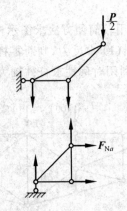

题 5—76 图

习题参考答案

一、是非题

5—1 ×   5—2 ×   5—3 √   5—4 √   5—5 √   5—6 √

5—7 × 5—8 √ 5—9 √ 5— □ × 5—12 ×
5—13 √ 5—14 ×

二、选择题

5—15 C 5—16 A 5—17 D 5—18 B
5—22 (1)D (2)B 5—23 C 5—24 A 5— □ 5—20 C 5—21 A
5—28 D 5—29 A 5—30 D 5—31 A 5— □ 26 A 5—27 B
5—35 D 5—36 A 5—37 B 5—38 D 5—39 □ 33 D 5—34 C
5—42 B 5—43 C □ A 5—41 C

三、填空题

5—44 简单桁架,联合桁架,联合杆,复杂桁架

5—45 结点,截面

5—46 汇交,一,一般

5—47 混合组成,轴力,弯矩,剪力

5—48 反力,受弯杆

5—49 不变,零

5—50 $-\sqrt{2}\dfrac{P}{4}=-0.3536P, \sqrt{2}\dfrac{P}{4}=0.3536P$

5—51 $0, P$

5—52 $1.414P, -2P$

5—53 绝对值相等(或大小相等,性质相反)

5—54 相等,相同

5—55 15

5—56 6

四、计算分析题

5—57 $F_{N16}=-42.426 \text{ kN}, F_{N68}=42.426 \text{ kN}, F_{N89}=-60 \text{ kN}, F_{N62}=0$;
$F_{N83}=42.426 \text{ kN}, F_{N29}=28.284 \text{ kN}, F_{N93}=-40 \text{ kN}, F_{N12}=30 \text{ kN}, F_{N23}=10 \text{ kN}$

5—58 $F_{Na}=-33.333 \text{ kN}, F_{Nb}=-10\sqrt{2} \text{ kN}$

5—59 $F_{Na}=20 \text{ kN}$

5—60 $F_{Na}=0, F_{Nb}=\sqrt{2}P(\uparrow)$

5—61 $F_{Na}=-P/\sqrt{2}, F_{Nb}=\sqrt{2}P/2, F_{Nc}=P/2$

5—62 $F_A=\dfrac{2}{3}P(\uparrow), F_B=\dfrac{1}{3}P(\rightarrow), F_C=\dfrac{1}{3}P(\uparrow), F_D=\dfrac{1}{3}P(\leftarrow)$

5—63 $F_A=\dfrac{4}{3}P(\uparrow), F_C=\dfrac{2}{3}P(\uparrow)$

5—64 $F_{N12}=-60 \text{ kN}, F_{N23}=-90 \text{ kN}, F_{N27}=42.4 \text{ kN}, F_{N67}=61.8 \text{ kN},$

学习题册(上册)

$F_{N78} = 103.1$ kN

5—65 $F_{N12} = $ ... 零杆；(c)6 根零杆

5—66 (a)7 杆 ... $F_{Nb} = -P$

5—67 $F_{Na} = $ ... $F_{Nb} = P/4$

5—68 $F_{N\ \ }$ ... N, $F_{Nb} = 37.27$ kN, $F_{Nc} = 37.71$ kN, $F_{Nd} = -66.67$ kN

5—69 $F_{N1} = $ ... $P, F_{N2} = \sqrt{2}P, F_{N3} = -\dfrac{\sqrt{2}}{2}P, F_{N4} = -P$

5—70 ... $\sqrt{2}P, F_{Nb} = -P$

5—71 ... $F_{Na} = -\dfrac{\sqrt{2}}{3}P$

5— ... $F_{Na} = 291.67$ kN, $F_{Nb} = -350$ kN, $F_{Nc} = 0$

5— ... $F_{Na} = 0, F_{Nb} = 20$ kN, $F_{Nc} = 21.21$ kN, $F_{Nd} = -21.21$ kN

5—75 $F_{Na} = -P, F_{Nb} = -\sqrt{2}P/2$

5—76 $F_{Na} = -P$

第 6 章

静 定 梁

内容提要

一、弯曲的概念

1. 受力特点
作用于杆件上的外力都垂直于杆件的轴线(有时还包括力偶)。
2. 变形特点
使原为直线的轴线变形后成为曲线,相邻两横截面之间产生垂直轴线的相对转动。
3. 平面弯曲
荷载及支座反力均位于纵向对称面内,且梁的轴线弯曲变形后也位于这个平面内。
4. 梁的分类
(1)静定梁:支座反力均可由静力平衡方程完全确定。
单跨静定梁按其支座情况的不同与是否有外伸端又可分为:
①简支梁:梁的一端为固定铰支座,另一端为滚动支座或单链杆支座。
②外伸梁:有伸出端的简支梁。
③悬臂梁:梁的一端为固定端支座,另一端为自由端。
(2)超静定梁:支座反力不能由静力平衡方程完全确定。

二、梁的内力——剪力和弯矩

(1)剪力:与横截面相切的分布内力系的合力,用 F_S 表示。
(2)弯矩:与横截面垂直的分布内力系的合力偶矩,用 M 表示。
剪力与弯矩的计算法则为:

$$\text{剪力值} = \text{梁截面一侧所有外力的代数和}$$

$$\text{弯矩值} = \text{梁截面一侧所有外力对截面形心力矩的代数和}$$

符号规定:外力绕所研究截面顺时针转产生正剪力,反之为负;外力使下部受拉产生正弯矩,反之为负。

三、弯矩、剪力与荷载集度的关系

$$\frac{\mathrm{d}F_\mathrm{S}(x)}{\mathrm{d}x}=q(x)$$

$$\frac{\mathrm{d}M(x)}{\mathrm{d}x}=F_\mathrm{S}(x)$$

$$\frac{\mathrm{d}^2M(x)}{\mathrm{d}x^2}=\frac{\mathrm{d}F_\mathrm{S}(x)}{\mathrm{d}x}=q(x)$$

此三式表明：
① 任一点剪力的切线斜率等于该点荷载集度的大小；
② 任一点弯矩切线的斜率等于该点剪力的代数值；
③ 荷载集度即为弯矩的二阶变化率。

四、剪力图、弯矩图的规律

(1) 当 $q(x)=0$ 时，$F_\mathrm{S}(x)$ 应为定值。因此剪力图应呈水平直线图形，$M(x)$ 应为一次函数，故应呈斜直线图形。当 $F_\mathrm{S}(x)$ 取正值时，$M(x)$ 图形应呈向下斜的直线（自左向右）；当 $F_\mathrm{S}(x)$ 取负值时，$M(x)$ 应斜向上。

(2) 当 $q(x)=$ 常量（均布荷载）时，$F_\mathrm{S}(x)$ 应为一次式，因此剪力图应为斜直线，$M(x)$ 应为二次式，故弯矩图应为二次抛物线。

(3) 当 $q(x)$ 为斜直线时，$F_\mathrm{S}(x)$ 必为二次曲线，$M(x)$ 将呈三次曲线。

(4) $F_\mathrm{S}(x)=0$ 的点 $M(x)$ 应取极值，但极值点的弯矩其绝对值并不一定都是最大弯矩。

(5) 当 $q(x)$ 向下作用时，$M(x)$ 曲线应凸向下；反之则 $M(x)$ 曲线应凸向上。即 $q(x)$ 指向何方，$M(x)$ 就凸向何方。

(6) 在集中力作用处剪力有突变，其突变值等于集中力的大小。弯矩图在此处有尖角。

(7) 在集中力偶作用处弯矩有突变，其突变值等于集中力偶矩的大小，此处剪力图无变化。

五、叠加法绘制梁的弯矩图

单独荷载作用下引起的弯矩图，通过纵坐标的叠加而得到总的弯矩图，这就是叠加法。但叠加法是有条件的，其一就是弯矩这个物理量是荷载的线性函数；其二是小变形条件。

有时可用区段叠加法画弯矩图，将结构任一直线区段取出，用简支梁代替，通过叠加法作出该区段弯矩图。任一区段的弯矩图均可先将两端弯矩绘出，连一虚直线，然后叠加一相应简支梁仅受外荷载的弯矩图，最终便是该区段最后弯矩图。

六、多跨静定梁的内力图

为了便于搞清受力关系，可采用分层图的方式将基本部分与附属部分分开，由于附属部分受力要传给基本部分,而基本部分受力不影响附属部分,故分层图中将附属部分置于基本部分之上,并约定力只由上往下传,而不由下往上传。通过画分层图,多跨静定梁可以拆成若干个单跨梁,按照先计算附属梁后计算基本梁的程序,可以绘出各单跨梁的内力图,然后将内力图连在一起即为多跨静定梁的内力图。需要特别注意的是,附属梁与基本梁相连处的支座反力必须反方向作为基本梁的荷载。

习　题

一、是非题

6—1　(　)如图所示为一杆段的 M、F_S 图,若 F_S 图是正确的,M 图一定是错误的。

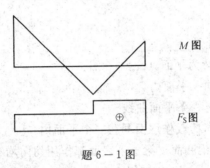

题 6—1 图

6—2　(　)图示梁的弯矩图是正确的。

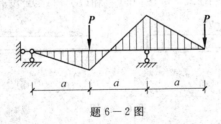

题 6—2 图

6—3　(　)荷载作用在静定多跨梁的附属部分时,基本部分一般内力不为零。

6—4　(　)多跨静定梁仅当基本部分承受荷载时,其他部分的内力和反力均为零。

6—5　(　)在无剪力直杆中,各截面弯矩不一定相等。

6—6　(　)图示结构 M 图的形状是正确的。

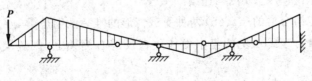

题 6—6 图

6—7　(　)同一简支斜梁,分别承受图示两种形式不同、集度相等的分布荷载时,其弯矩图相同。

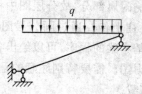
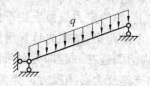

题 6—7 图

6—8 （　　）图示静定结构，在竖向荷载作用下，AB 是基本部分，BC 是附属部分。

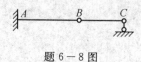

题 6—8 图

二、选择题

6—9　平面弯曲变形的特征是_____。
　　A. 弯曲时横截面仍保持为平面
　　B. 弯曲荷载均作用在同一平面内
　　C. 弯曲变形后的轴线是一条平面曲线
　　D. 弯曲变形后的轴线与荷载作用面同在一个平面内

6—10　图示矩形截面悬臂梁和简支梁上下表面都作用切向均布荷载 q，则_____的任意截面上剪力都为零。
　　A. 梁(a)　　B. 梁(b)　　C. 梁(a)和(b)　　D. 没有梁

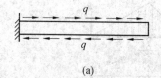
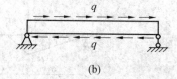

(a)　　　　　　　　　　　　(b)

题 6—10 图

6—11　梁在集中力偶的作用处_____。
　　A. 剪力 F_S 图和弯矩 M 图均有突变
　　B. 剪力 F_S 图连续，弯矩 M 图有突变
　　C. 剪力 F_S 图有突变，弯矩 M 图连续
　　D. 剪力 F_S 图和弯矩 M 图均连续

6—12　图示静定组合梁的(a)、(b)两种受载情形的唯一区别是梁(a)上的集中力 F 作用在铰链左侧梁上，梁(b)上的集中力作用在铰链右侧梁上，铰链尺寸不计，则两梁的_____。
　　A. 剪中 F_S 图相同　　　　B. 剪力 F_S 图不相同
　　C. 弯矩 M 图相同　　　　D. 弯矩 M 图不相同

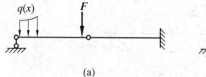
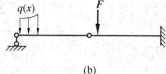

(a)   (b)

题 6－12 图

6－13　图示静定组合梁的(a)、(b)两种受载情形的唯一区别是集中力偶 M_e 分别作用在铰链左右侧,且铰链尺寸可忽略不计,则两梁的_____。

    A. 剪中 F_S 图相同　　　　　　B. 剪力 F_S 图不相同
    C. 弯矩 M 图相同　　　　　　D. 弯矩 M 图不相同

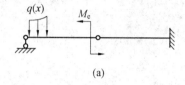
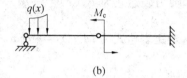

(a)   (b)

题 6－13 图

6－14　如图(a)所示,梁 $ABCD$ 在 C 点作用铅垂力 F,若如图(b)所示,在 B 点焊接一刚架后再在 C 点正上方作用铅垂力 F,则两种情形_____。

    A. AB 梁段的剪力 F_S 相同　　B. BC 梁段的剪力 F_S 相同
    C. CD 梁段的剪力 F_S 相同　　D. AB 梁段的弯矩 M 相同
    E. BC 梁段的弯矩 M 相同　　F. CD 梁段的弯矩 M 相同

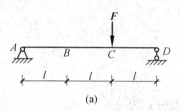
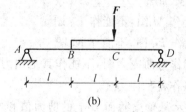

(a)   (b)

题 6－14 图

6－15　图示组合梁_____。

    A. 梁段 AB 弯矩为常量　　　　B. 梁段 AB 剪力为常量
    C. 梁段 BC 弯矩为常量　　　　D. 梁段 BC 剪力为常量

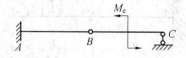

题 6－15 图

6－16　如图所示,当集中力偶沿简支梁 AB 任意移动时,_____。

    A. 梁内剪力为常量　　　　　　B. 梁内剪力不为常量,但最大剪力值不变
    C. 梁内弯矩为常量　　　　　　D. 梁内弯矩不为常量,但最大弯矩值不变

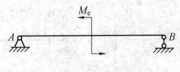

题 6—16 图

6—17 简支梁部分区段受均布荷载作用,如图所示。以下结论中_____是错误的。

A. AC 段,剪力表达式为 $F_S(x) = \dfrac{1}{4}qa$

B. AC 段,弯矩表达式为 $M(x) = \dfrac{1}{4}qax$

C. CB 段,剪力表达式为 $F_S(x) = \dfrac{1}{4}qa - q(x-a)$

D. CB 段,弯矩表达式为 $M(x) = \dfrac{1}{4}qax - \dfrac{1}{2}q(x-a)x$

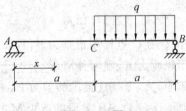

题 6—17 图

6—18 用叠加法_____。

A. 只能作 M 图,不能作 F_S 图

B. 只能作 F_S 图,不能作 M 图

C. 只能作弯曲内力图,不能作其他内力图

D. 可以作各种内力图

6—19 图示悬臂梁截面 B 上的剪力值和弯矩值分别为_____。

A. $\dfrac{q_0 a}{2}, -\dfrac{q_0 a^2}{6}$ B. $q_0 a, -\dfrac{q_0 a^2}{3}$ C. $\dfrac{q_0 a}{2}, \dfrac{q_0 a^2}{3}$ D. $q_0 a, \dfrac{q_0 a^2}{6}$

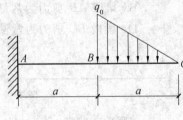

题 6—19 图

6—20 图示简支梁中间截面 B 上的内力为_____。

A. $M=0, F_S=0$ B. $M=0, F_S \neq 0$

C. $M \neq 0, F_S=0$ D. $M \neq 0, F_S \neq 0$

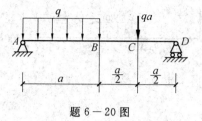

题 6-20 图

6-21 图示结构所给出的 M 图形状是_____。

A. 正确的 　　　　　　　　　　B. 错误的

C. 有一部分是错误的 　　　　　D. 一定条件下是正确的

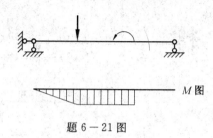

题 6-21 图

6-22 图示结构_____。

A. ABC 段有内力 　　　　　　B. ABC 段无内力

C. CDE 段无内力 　　　　　　D. 全梁无内力

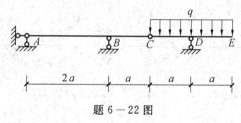

题 6-22 图

6-23 图示结构 M 图的形状为_____。

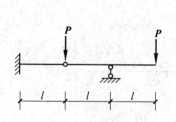

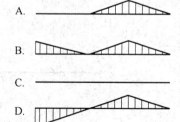

题 6-23 图

6-24 如图所示,该结构的跨中弯矩为_____。

A. 3 kN·m,下侧受拉 　　　　　B. 3 kN·m,上侧受拉

C. 4 kN·m,下侧受拉 　　　　　D. 4 kN·m,上侧受拉

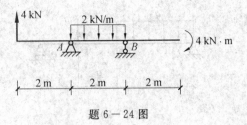

题 6－24 图

6－25　如图所示梁中，M_E 和 B 支座竖向反力 F_B 应为 _____。

A. $M_E = F/4$（上部受拉），$F_B = 0$　　B. $M_E = 0$，$F_B = F(\uparrow)$

C. $M_E = 0$，$F_B = F/2(\uparrow)$　　D. $M_E = F/4$（上部受拉），$F_B = F/2(\uparrow)$

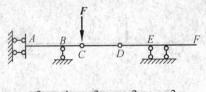

题 6－25 图

6－26　如图所示的多跨静定梁，截面 K 的弯矩（以下侧受拉为正）M_K 为 _____ kN·m。

A. 5　　B. 6　　C. 9　　D. 13

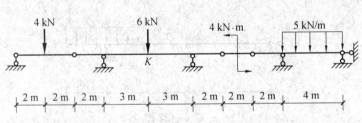

题 6－26 图

6－27　如图所示，梁 A 端弯矩为 _____。

A. M_e　　B. 0　　C. $2M_e$　　D. $3M_e$

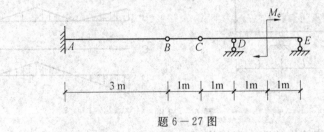

题 6－27 图

三、填空题

6-28 静定结构的静力特征是：可用_____求出全部反力和内力；其几何特征是：结构为_____不变体系，且无_____联系。

6-29 静定梁内力分析的基本方法是_____，隔离体上建立的基本方程是_____。

6-30 用截面法计算指定截面的内力为：剪力等于截面_____的所有外力沿杆轴_____方向的投影代数和；弯矩等于截面_____的所有外力对_____形心的力矩代数和。

6-31 图示梁中，BC 段的剪力 F_S 等于_____，DE 段的弯矩等于_____。

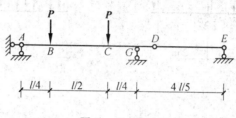

题 6-31 图

6-32 悬臂梁左端自由，右端固定，梁上荷载无集中力偶，剪力图如图所示，则梁上作用的最大集中荷载 F_{max}（绝对值）=_____，梁内最大弯矩为 M_{max}=_____。

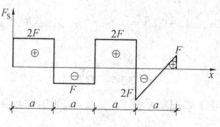

题 6-32 图

6-33 工程中常见的三种梁分别是_____，_____，_____。

6-34 荷载集度与剪力和弯矩之间存在的关系是_____，_____，_____。

6-35 在画梁的内力图时，集中力作用处，_____有突变，集中力偶作用处，_____有突变。

6-36 一个人躺在等长的简支梁上与站在梁中点，所产生的弯矩大约差_____倍。

四、计算分析题

6-37 求如图所示梁 1-1, 2-2, 3-3, 4-4 截面上的内力。

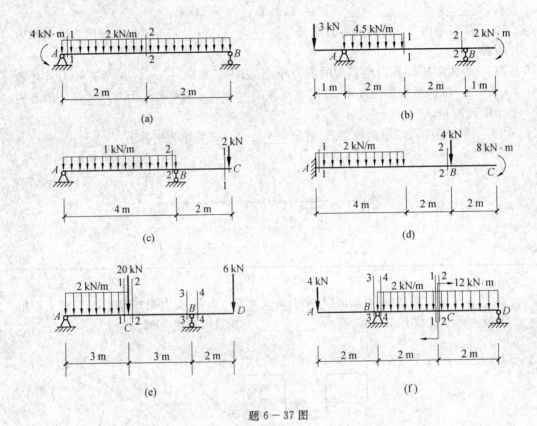

题 6-37 图

6-38 若将坐标原点定在如图所示梁的 A 点，试列出图示梁的弯矩和剪力方程。

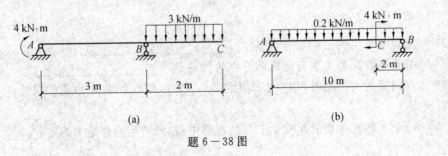

题 6-38 图

6－39　列方程作如图所示梁内力图。

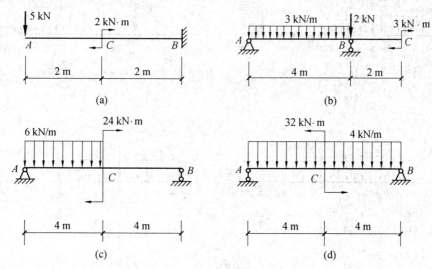

题 6－39 图

6－40　用简捷法作如图所示梁内力图，求出 $|F_S|_{max}$，$|M|_{max}$。

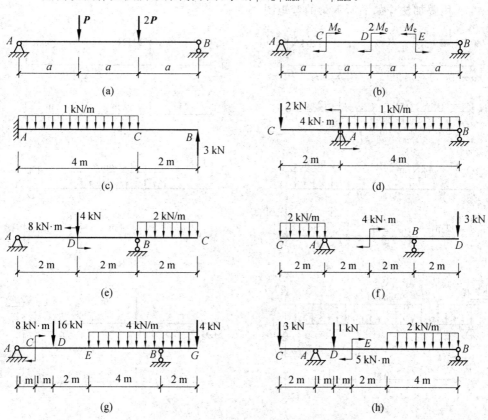

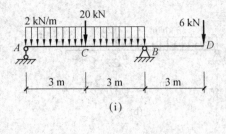
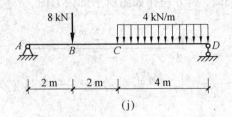

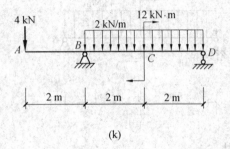
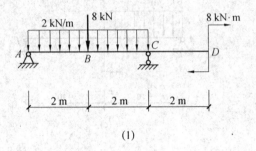

题 6－40 图

6－41　用叠加法作如图所示梁的弯矩图。

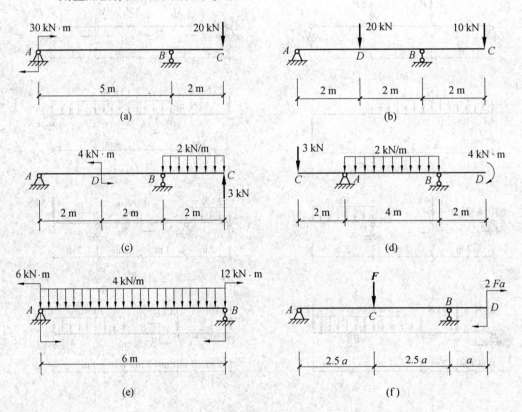

题 6－41 图

6-42 绘制如图所示多跨静定梁的内力图,并求出$|F_S|_{max}$,$|M|_{max}$的值。

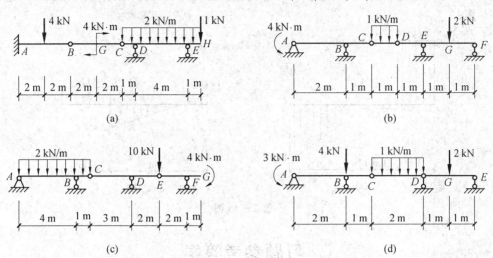

题 6-42 图

6-43 绘制如图所示多跨静定梁的弯矩图。

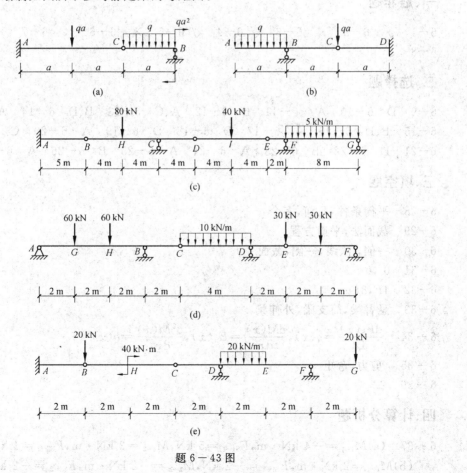

题 6-43 图

6−44 已知简支梁的剪力图如图，梁上没有集中力偶作用。试作梁的弯矩图和荷载图。

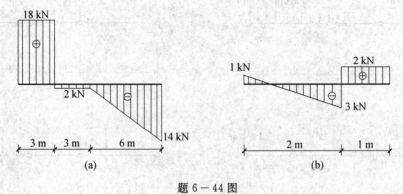

题 6−44 图

习题参考答案

一、是非题

6−1 √   6−2 ×   6−3 √   6−4 √   6−5 ×   6−6 ×   6−7 ×
6−8 √

二、选择题

6−9 D   6−10 A   6−11 B   6−12 A、C   6−13 B、D   6−14 A、C、D、F
6−15 B、D   6−16 A   6−17 D   6−18 D   6−19 A   6−20 C
6−21 D   6−22 B   6−23 A   6−24 A   6−25 B   6−26 A   6−27 B

三、填空题

6−28 平衡条件，几何，多余
6−29 截面法，平衡方程
6−30 一侧，法线，一侧，截面
6−31 0，0
6−32 $4F$，$3Fa$
6−33 悬臂梁，简支梁，外伸梁
6−34 $\dfrac{\mathrm{d}F_\mathrm{S}(x)}{\mathrm{d}x}=q(x)$，$\dfrac{\mathrm{d}M(x)}{\mathrm{d}x}=F_\mathrm{S}(x)$，$\dfrac{\mathrm{d}^2M(x)}{\mathrm{d}x^2}=q(x)$
6−35 剪力，弯矩
6−36 2

四、计算分析题

6−37 (a) $M_{1-1}=-4\ \mathrm{kN\cdot m}$，$F_{\mathrm{S}1-1}=5\ \mathrm{kN}$，$M_{2-2}=2\ \mathrm{kN\cdot m}$，$F_{\mathrm{S}2-2}=1\ \mathrm{kN}$；
      (b) $M_{1-1}=2\ \mathrm{kN\cdot m}$，$F_{\mathrm{S}1-1}=-2\ \mathrm{kN}$，$M_{2-2}=-2\ \mathrm{kN\cdot m}$，$F_{\mathrm{S}2-2}=-2\ \mathrm{kN}$；

第6章 静定梁

(c) $M_{1-1}=0$, $F_{S1-1}=2$ kN, $M_{2-2}=-4$ kN·m, $F_{S2-2}=-3$ kN;

(d) $M_{1-1}=-48$ kN·m, $F_{S1-1}=12$ kN, $M_{2-2}=-8$ kN·m, $F_{S2-2}=4$ kN;

(e) $M_{1-1}=28.5$ kN·m, $F_{S1-1}=6.5$ kN, $M_{2-2}=28.5$ kN·m, $F_{S2-2}=-13.5$ kN;
$M_{3-3}=-12$ kN·m, $F_{S3-3}=-13.5$ kN, $M_{4-4}=-12$ kN·m, $F_{S4-4}=6$ kN;

(f) $M_{1-1}=-6$ kN·m, $F_{S1-1}=-1$ kN, $M_{2-2}=6$ kN·m, $F_{S2-2}=-1$ kN,
$M_{3-3}=-8$ kN·m, $F_{S3-3}=-4$ kN, $M_{4-4}=-8$ kN·m, $F_{S4-4}=3$ kN

6-38 略

6-39 (a) $M_B=-18$ kN·m, $F_{SB}=-5$ kN;

(b) $M_B=-3$ kN·m, $F_{SB}^L=-6.75$ kN;

(c) $M_C=24$ kN·m, $F_{SC}=-6$ kN;

(d) $M_C^R=12$ kN·m, $F_{SC}=4$ kN

6-40 (a) $|M|_{max}=1.67$ Pa, $|F_S|_{max}=1.67P$;

(b) $|M|_{max}=2M$, $|F_S|_{max}=M/(2a)$;

(c) $|M|_{max}=10.5$ kN·m, $|F_S|_{max}=3$ kN, $M_A=10$ kN·m;

(d) $|M|_{max}=8$ kN·m, $|F_S|_{max}=4$ kN, $M_A^R=-8$ kN·m;

(e) $|M|_{max}=6$ kN·m, $|F_S|_{max}=4$ kN, $M_B=-4$ kN·m, $F_{SB}^L=-1$ kN;

(f) $|M|_{max}=7$ kN·m, $|F_S|_{max}=4$ kN, $M_B^R=-6$ kN·m, $F_{SA}^R=-1.5$ kN;

(g) $|M|_{max}=34$ kN·m, $|F_S|_{max}=19$ kN, $M_C^R=21$ kN·m, $F_{SB}^L=-19$ kN;

(h) $|M|_{max}=9$ kN·m, $|F_S|_{max}=6$ kN, $M_A=-6$ kN·m, $F_{SA}^R=3$ kN;

(i) $|M|_{max}=30$ kN·m, $|F_S|_{max}=19$ kN;

(j) $|M|_{max}=24.5$ kN·m, $|F_S|_{max}=14$ kN;

(k) $|M|_{max}=8$ kN·m, $|F_S|_{max}=5$ kN;

(l) $|M|_{max}=8$ kN·m, $|F_S|_{max}=10$ kN

6-41 (a) $M_A^R=30$ kN·m, $M_B=-40$ kN·m;

(b) $M_B=-20$ kN·m;

(c) $M_B=2$ kN·m;

(d) $M_B=-4$ kN·m;

(e) $M_{中}=9$ kN·m;

(f) $M_B=-2Fa$

6-42 (a) $|M|_{max}=4$ kN·m, $|F_S|_{max}=4$ kN;

(b) $|M|_{max}=4$ kN·m, $|F_S|_{max}=1.75$ kN;

(c) $|M|_{max}=16$ kN·m, $|F_S|_{max}=8$ kN;

(d) $|M|_{max}=3$ kN·m, $|F_S|_{max}=1$ kN

6-43 (a) $M_A=0$, $M_B=-qa^2$ (上侧受拉);

(b) $M_B=-\frac{1}{2}qa^2$ (上侧受拉), $M_D=-\frac{1}{2}qa^2$ (上侧受拉);

(c) $M_A=-150$ kN·m(上侧受拉), $M_C=-80$ kN·m(上侧受拉);

(d) $M_B=5$ kN·m(下侧受拉), $M_D=-90$ kN·m(上侧受拉);

(e) $M_A=-20$ kN·m(上侧受拉), $M_B=-10$ kN·m(上侧受拉)

6-44 略

第7章 平面静定刚架

内容提要

一、静定刚架的分类

静定刚架：由梁和柱用刚结点或部分铰结点组成的无多余联系的几何不变体系。当刚架受力而变形时，汇交于连接处的各杆端之间的夹角始终保持不变，这种结点称为刚结点。具有刚结点是刚架的特点。

静定刚架按其支座约束的不同，可以分为简支刚架、悬臂刚架和三铰刚架。

二、静定刚架分析过程

先计算支座反力或铰处约束力，然后计算各杆杆端内力，绘制各杆内力图，将各杆内力图组合在一起，得到刚架内力图。

1. 支座反力的计算

简支刚架和三铰刚架均有支座约束存在，故须先确定支座反力。悬臂刚架由于支座一端为固定端，故其余端一定为自由端，因此一般可以不必先求支座反力，而是从自由端开始求内力。三铰刚架有 4 个支座反力，除利用 3 个整体平衡方程外，必须利用中间铰处 $M=0$ 的补充方程，求得一个水平支座反力。

2. 杆端截面内力的计算方法

静定刚架内力有弯矩、剪力和轴力。

(1) 弯矩计算法则：某截面弯矩值等于该截面一侧所有外力对截面形心力矩的代数和，弯矩绘于受拉的一侧，不必标明正负号。

(2) 剪力计算法则：某截面剪力值等于该截面一侧所有外力在沿截面方向投影的代数和。外力引起的剪力顺时针转为正号，反之为负号。可绘在任意一侧，但必须标明正负号。

(3) 轴力计算法则：某截面轴力值等于该截面一侧所有外力在沿该截面轴线方向投影的代数和，外力使该截面受拉取正号、受压取负号。可绘在任意一侧，但必须标明正负号。

3. 内力图的校核

内力图的校核除应符合荷载、内力微分关系外，在刚结点处应满足 $\sum M=0$，$\sum F_x=0$，$\sum F_y=0$ 的平衡条件，并注意刚结点处 $\sum M=0$ 在弯矩图图形上的特点。

三、快速、准确绘弯矩图的规律

很多情况下，可以不求反力或少求反力（或只需判定反力方向）即可作出静定结构的弯矩图。熟练掌握这种方法，对于迅速绘制弯矩图和校核其正确性是极其有益的。迅速绘制弯矩图所依赖的工具是以下若干熟知的规律：

(1) 结构上凡有悬臂部分和简支梁（含两端铰结的受弯直杆），其弯矩图可首先绘出；
(2) 直杆的无荷载区段弯矩图为直线；
(3) 利用荷载、剪力、弯矩的微分关系，剪力相等则弯矩图斜率相同；
(4) 铰处弯矩为零，刚结点处力矩平衡；
(5) 外力与杆轴重合时不产生弯矩；
(6) 作弯矩图的区段叠加法；
(7) 对称性的利用（如果有的话）。

习　题

一、是非题

7-1　（　）静定结构的全部内力及反力，只根据平衡条件求得，且解答是唯一的。

7-2　（　）结构的内力图是描述结构在外力作用下，各截面内力的分布图。

7-3　（　）因为平衡方程是线性的，故静定结构内力的计算可以利用作用力的独立性（即叠加原理）。

7-4　（　）若静定结构无荷载，则无内力。

7-5　（　）静定结构内力分析的第一步，一般是求出刚片间的约束力。

7-6　（　）静定结构为几何不变且无多余约束体系，因而降低了结构的可靠性和安全度。

7-7　（　）刚架在荷载作用下的内力有剪力和弯矩，不会产生轴力。

7-8　（　）图示结构的弯矩图是正确的。

7-9　（　）静定结构在荷载作用下产生的内力与杆件弹性常数、截面尺寸无关。

7-10　（　）几何不变体系一定是静定结构。

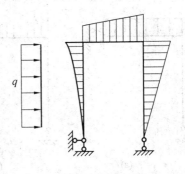

题 7-8 图

7－11　(　　) 图示结构 $M_K = \dfrac{ql^2}{2}$(内侧受拉)。

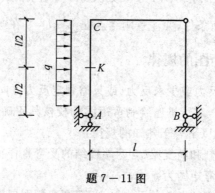

题 7－11 图

7－12　(　　) 图示结构弯矩图是正确的。

7－13　(　　) 图示结构弯矩图形状是正确的。

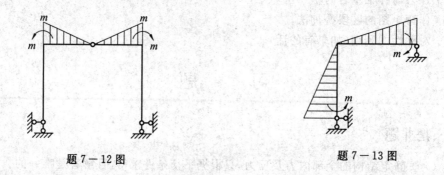

题 7－12 图　　　　题 7－13 图

7－14　(　　) 图(a)所示结构剪力图形状如图(b)所示。

7－15　(　　) 图示结构弯矩图形状正确。

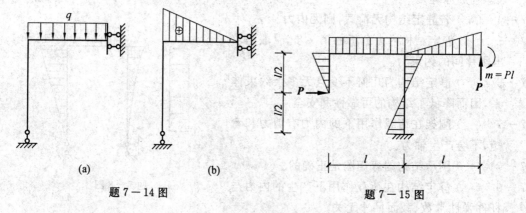

题 7－14 图　　　　题 7－15 图

二、选择题

7－16　静定结构的内力计算与_____。

A. EI 无关 　　　　　　　　　　B. EI 相对值有关

C. EI 绝对值有关 　　　　　　　D. E 无关，I 有关

7-17　图示结构 M_{DC}（设下侧受拉为正）为＿＿＿＿＿。

　　A. $-Pa$ 　　　　　　　　　　B. Pa

　　C. $-Pa/2$ 　　　　　　　　　D. $Pa/2$

7-18　图示结构的弯矩图中，B 点的弯矩是＿＿＿＿＿。

　　A. 外侧受拉 　　　　　　　　B. 内侧受拉

　　C. 零 　　　　　　　　　　　D. 以上三种可能都存在

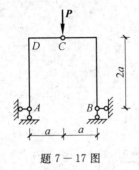
题 7-17 图

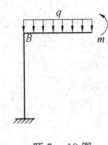
题 7-18 图

7-19　图示结构 M_K（设下侧受拉为正）为＿＿＿＿＿。

　　A. $qa^2/2$ 　　　　　　　　　B. $-qa^2/2$

　　C. $3qa^2/2$ 　　　　　　　　D. qa^2

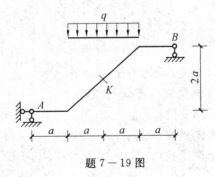
题 7-19 图

7-20　图示刚架中，M_{AC} 应等于＿＿＿＿＿。

　　A. 2 kN·m（右侧受拉） 　　　B. 2 kN·m（左侧受拉）

　　C. 4 kN·m（右侧受拉） 　　　D. 6 kN·m（左侧受拉）

7-21　图示结构中 M_{AC} 和 M_{BD} 全对的是＿＿＿＿＿。

　　A. $M_{AC}=Ph$（左侧受拉），$M_{BD}=Ph$（左侧受拉）

　　B. $M_{AC}=Ph$（左侧受拉），$M_{BD}=0$

　　C. $M_{AC}=0$，$M_{BD}=Ph$（左侧受拉）

　　D. $M_{AC}=Ph/3$（左侧受拉），$M_{BD}=2Ph/3$（左侧受拉）

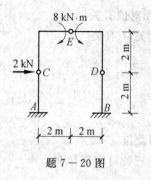

题 7-20 图

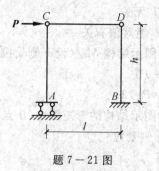

题 7-21 图

7-22 图示结构中 M_{CA} 和 F_{SCB} 为 _____。

A. $M_{CA}=0$, $F_{SCB}=m/l$

B. $M_{CA}=0$, $F_{SCB}=0$

C. $M_{CA}=m$（左侧受拉）, $F_{SCB}=0$

D. $M_{CA}=m$（左侧受拉）, $F_{SCB}=-m/l$

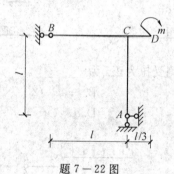

题 7-22 图

7-23 图示结构中, M_{EG} 和 F_{SBA} 全对的是 _____。

A. $M_{EG}=16\ kN\cdot m$（上侧受拉）, $F_{SBA}=8\ kN$

B. $M_{EG}=16\ kN\cdot m$（下侧受拉）, $F_{SBA}=0\ kN$

C. $M_{EG}=16\ kN\cdot m$（下侧受拉）, $F_{SBA}=-8\ kN$

D. $M_{EG}=16\ kN\cdot m$（上侧受拉）, $F_{SBA}=16\ kN$

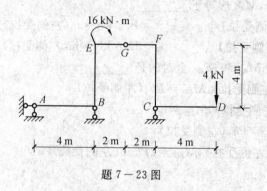

题 7-23 图

7-24 图示结构中 M_{AB} 和 M_{BA} 全对的为_____。

A. $M_{AB}=0$，$M_{BA}=32$ kN·m（左侧受拉）

B. $M_{AB}=16$ kN·m（左侧受拉），$M_{BA}=16$ kN·m（左侧受拉）

C. $M_{AB}=16$ kN·m（左侧受拉），$M_{BA}=16$ kN·m（右侧受拉）

D. $M_{AB}=0$，$M_{BA}=16$ kN·m（右侧受拉）

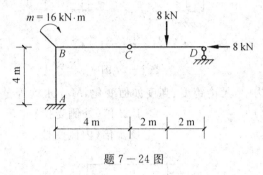

题 7-24 图

7-25 选择图中正确的 M 图_____。

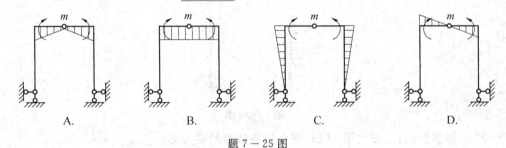

题 7-25 图

7-26 如图所示刚架，DA 杆件 D 截面的弯矩 M_{DA} 之值为_____。

A. 35 kN·m（上侧受拉） B. 62 kN·m（上侧受拉）

C. 40 kN·m（下侧受拉） D. 45 kN·m（下侧受拉）

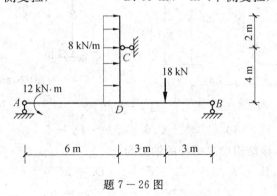

题 7-26 图

7-27 如图所示刚架，DE 杆件 D 截面的弯矩 M_{DE} 之值为_____。

A. qa^2（左侧受拉） B. $2qa^2$（右侧受拉）

C. $4qa^2$（左侧受拉） D. $1.5qa^2$（右侧受拉）

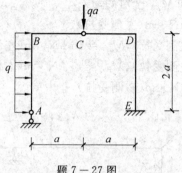

题 7－27 图

7－28 如图所示结构中，无论跨度、高度如何变化，M_{CB} 永远等于 M_{BC} 的_____。

A. 1 倍（外侧受拉） B. 2 倍（外侧受拉）

C. 2 倍（内侧受拉） D. 1 倍（内侧受拉）

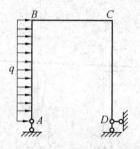

题 7－28 图

7－29 如图所示，已知刚架 M 图，则左柱各截面的剪力为_____ kN。

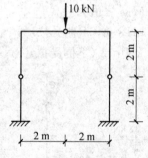
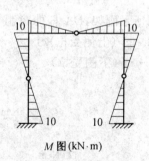

题 7－29 图

A. 10 B. －10 C. 5 D. －5

7－30 如图所示，该结构中二力杆的轴力为_____。

A. $-2F$ B. $-F$ C. $+F$ D. $+2F$

7-31 如图所示,该结构弯矩图形状正确的是_____。

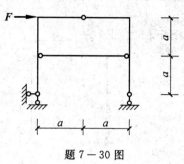
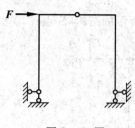

题 7-30 图　　　　　　　　题 7-31 图

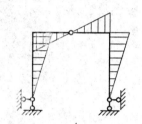
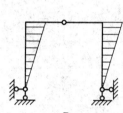
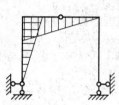
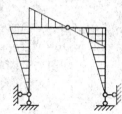

A.　　　　　　B.　　　　　　C.　　　　　　D.

7-32 如图所示两结构及其受载状态,它们的内力符合_____。

A. 弯矩相同,剪力不同　　　　B. 弯矩相同,轴力不同
C. 弯矩不同,剪力相同　　　　D. 弯矩不同,轴力不同

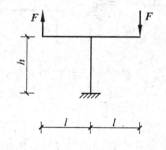
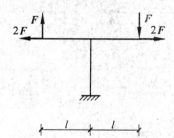

题 7-32 图

7-33 如图所示,结构截面 A 的弯矩(以下侧受拉为正)是_____。

A. $-2m$　　　B. $-m$　　　C. 0　　　D. m

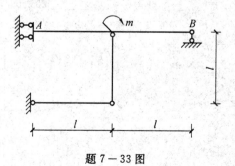

题 7-33 图

7—34 如图所示,该结构 K 下截面剪力为_____。
  A. $-F$　　B. 0　　C. $F/2$　　D. F

7—35 如图所示的结构,B 点杆端弯矩(设内侧受拉为正)为_____。

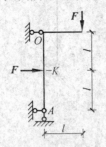

题 7－34 图

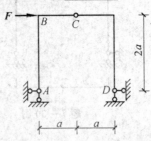

题 7－35 图

A. $M_{BA}=Fa$, $M_{BC}=-Fa$　　B. $M_{BA}=M_{BC}=2Fa$
C. $M_{BA}=M_{BC}=Fa$　　D. $M_{BA}=M_{BC}=0$

7—36 如图所示刚架,下列选项中,弯矩图正确的是_____。

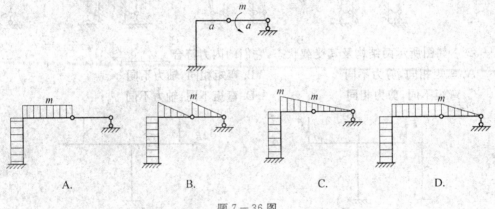

题 7－36 图

三、填空题

7—37 图示刚架支座反力 $F_B=$ _____,C 截面的弯矩 $M_C=$ _____,剪力 $F_{SC}=$ _____。

7—38 图示结构中,$M_{AD}=$ _____ kN·m,_____ 侧受拉,$M_{CD}=$ _____ kN·m。

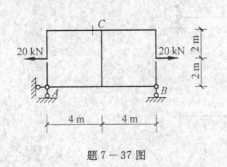

题 7－37 图

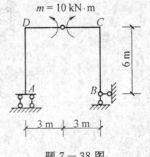

题 7－38 图

7-39 图示结构中,m 为 8 kN·m,BC 杆的内力是 M=_____, F_S=_____, F_N=_____。

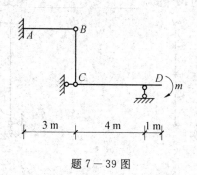

题 7-39 图

7-40 刚结点与铰结点的区别在于:刚结点处各杆杆端转角_____,可承受和传递_____。

7-41 图示结构 K 截面的 M 值为_____,_____侧受拉。

7-42 图示结构 K 截面的 M 值为_____,_____侧受拉。

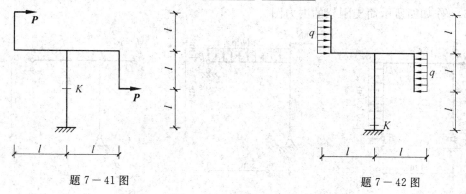

题 7-41 图　　　　　　　　题 7-42 图

7-43 图示结构 K 截面的 M 值为_____,_____侧受拉。

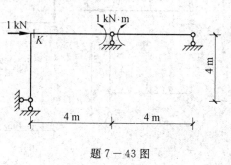

题 7-43 图

7—44 图示结构 K 截面的 M 值为_____，_____侧受拉。

7—45 图示结构 K 截面的 M 值为_____，_____侧受拉。

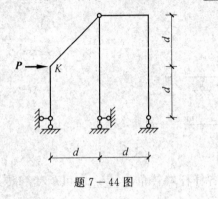

题 7—44 图

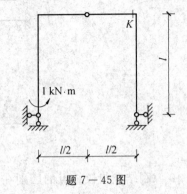

题 7—45 图

四、计算分析题

7—46 作如图所示简支刚架的内力图。

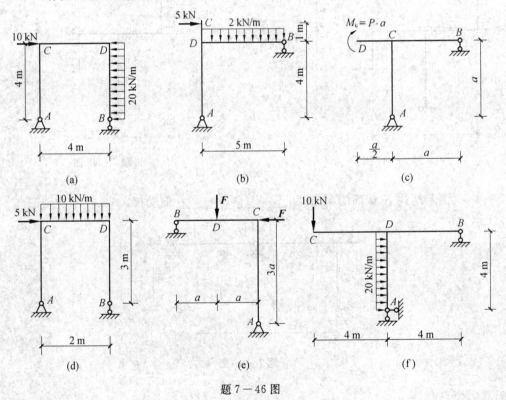

题 7—46 图

7-47 作如图所示悬臂刚架的内力图。

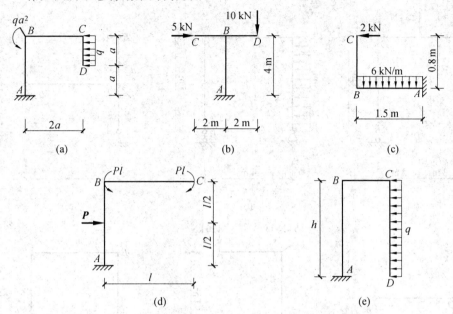

题 7-47 图

7-48 作如图所示三铰刚架的内力图。

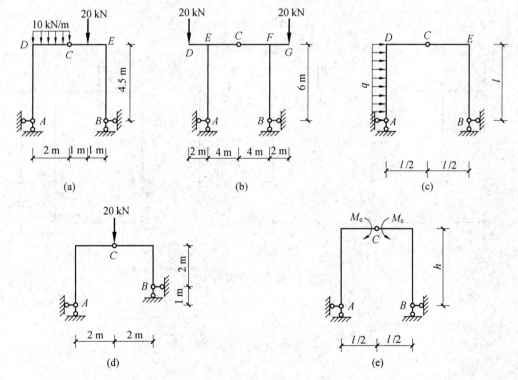

题 7-48 图

7-49　作如图所示结构的弯矩图。

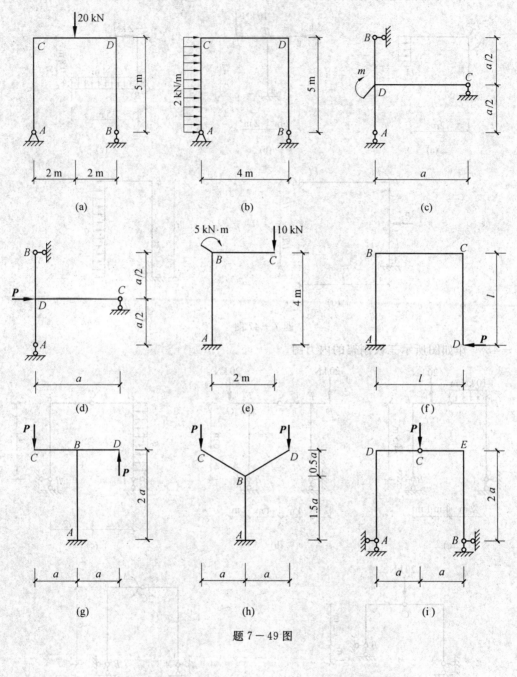

题 7-49 图

7－50 作图示结构的 M 图。

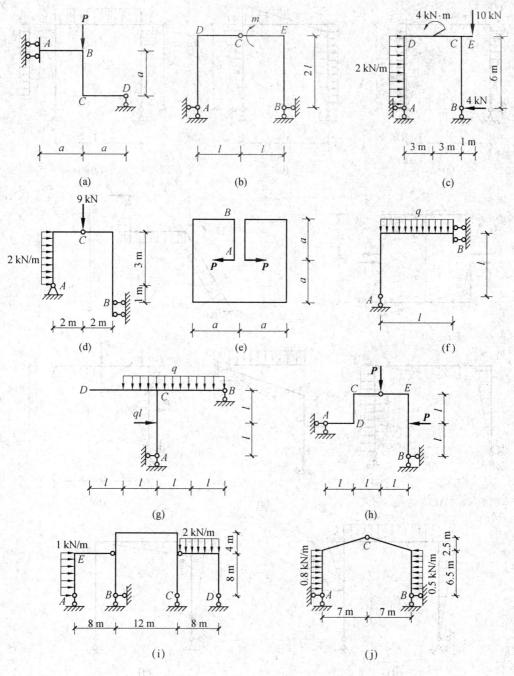

题 7－50 图

7－51 改正图示结构的弯矩图(直接改在原图上)。

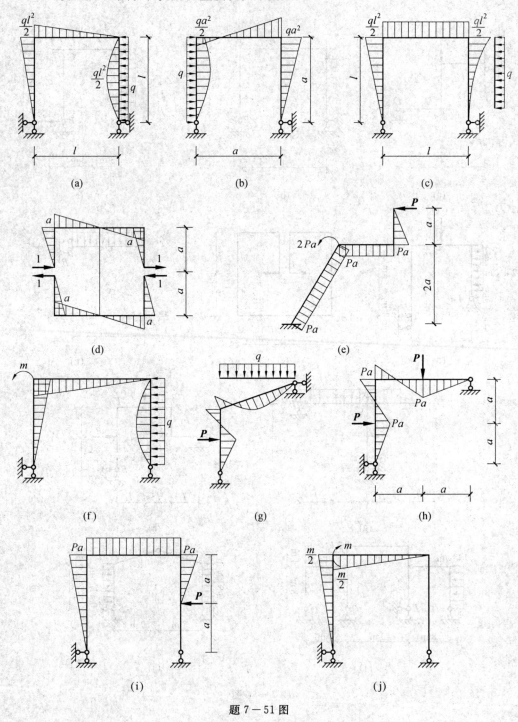

题 7－51 图

7—52 已知图示结构 M 图,求作 F_S、F_N 图。

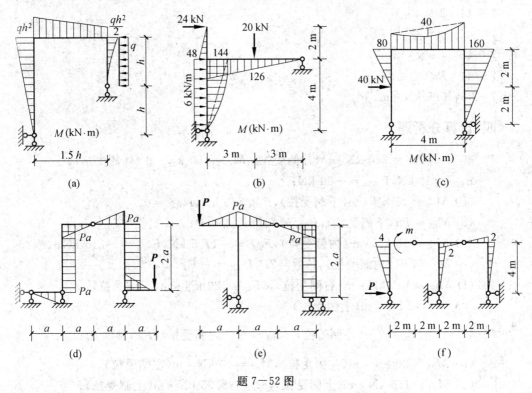

题 7—52 图

习题参考答案

一、是非题

7—1 √　7—2 √　7—3 √　7—4 √　7—5 √　7—6 √　7—7 ×
7—8 ×　7—9 √　7—10 ×　7—11 √　7—12 ×　7—13 ×
7—14 √　7—15 √

二、选择题

7—16 A　7—17 C　7—18 D　7—19 C　7—20 C　7—21 C　7—22 C
7—23 B　7—24 A　7—25 C　7—26 D　7—27 A　7—28 B　7—29 D
7—30 C　7—31 A　7—32 B　7—33 B　7—34 B　7—35 C　7—36 B

三、填空题

7—37　0,40 kN·m,0

7—38　20,右,0

7—39　0,0,−2 kN

7—40 相等，弯矩

7—41 $2Pl$，左

7—42 ql^2，左

7—43 $4\ \text{kN}\cdot\text{m}$，下

7—44 Pd，右

7—45 $0.5\ \text{kN}\cdot\text{m}$，下

四、计算分析题

7—46 (a) $M_C=280\ \text{kN}\cdot\text{m}$(外侧受拉)，$M_D=160\ \text{kN}\cdot\text{m}$(外侧受拉)，$F_{SCD}=30\ \text{kN}$，$F_{NCD}=-80\ \text{kN}$；

(b) $M_{DB}=25\ \text{kN}\cdot\text{m}$(下侧受拉)，$F_{SDA}=5\ \text{kN}$，$F_{NDB}=0$；

(c) $M_{CB}=Pa$(下侧受拉)，$F_{SCB}=-P$，$F_{NCA}=P$；

(d) $M_{CD}=15\ \text{kN}\cdot\text{m}$(内侧受拉)，$F_{SDC}=-17.5\ \text{kN}$，$F_{NCA}=-2.5\ \text{kN}$；

(e) $M_C=3Fa$(内侧受拉)，$F_{SBC}=2F$，$F_{NCA}=-F$；

(f) $M_{DA}=160\ \text{kN}\cdot\text{m}$(右侧受拉)，$M_{DB}=120\ \text{kN}\cdot\text{m}$(下侧受拉)，
$M_{DC}=40\ \text{kN}\cdot\text{m}$(上侧受拉)

7—47 (a) $M_{BC}=\dfrac{qa^2}{2}$(外侧受拉)，$M_{BA}=\dfrac{qa^2}{2}$(内侧受拉)，$F_{SBA}=-qa$；

(b) $M_{BA}=20\ \text{kN}\cdot\text{m}$(左侧受拉)，$M_{AB}=40\ \text{kN}\cdot\text{m}$(左侧受拉)；

(c) $M_{BA}=1.6\ \text{kN}\cdot\text{m}$(上侧受拉)，$M_{AB}=8.35\ \text{kN}\cdot\text{m}$(上侧受拉)；

(d) $M_{AB}=Pl/2$(左侧受拉)，$M_{BC}=Pl$(上侧受拉)；

(e) $M_{CD}=qh^2/2$(外侧受拉)，$M_A=qh^2/2$(右侧受拉)

7—48 (a) $M_D=20\ \text{kN}\cdot\text{m}$(外侧受拉)，$F_{SEC}=-20\ \text{kN}$，$F_{NDA}=-20\ \text{kN}$；

(b) $M_{EA}=40\ \text{kN}\cdot\text{m}$(内侧受拉)，$F_{SFB}=-6.67\ \text{kN}$，$F_{NBC}=6.67\ \text{kN}$；

(c) $M_{DA}=\dfrac{ql^2}{4}$(内侧受拉)，$F_{SAD}=\dfrac{3ql}{4}$，$F_{NAD}=\dfrac{ql}{2}$；

(d) $F_{Ax}=8\ \text{kN}$，$F_{Ay}=12\ \text{kN}$；

(e) 水平反力为 M_e/h

7—49 (a) $M_C=M_D=0$；

(b) $M_C=25\ \text{kN}\cdot\text{m}$(内侧受拉)；

(c) $M_{DC}=m$(下侧受拉)；

(d) $M_{DC}=\dfrac{Pa}{2}$(上侧受拉)；

(e) $M_{AB}=25\ \text{kN}\cdot\text{m}$(左侧受拉)；

(f) $M_B=Pl$(外侧受拉)；

(g) $M_{BA}=2Pa$(右侧受拉)；

(h) $M_{BA}=0$；

(i) $M_D=\dfrac{Pa}{2}$(外侧受拉)

第7章 平面静定刚架

7-50 (a) $M_{CD} = Pa$(下侧受拉)；

(b) $M_{DA} = \dfrac{1}{2}m$(右侧受拉)；

(c) $M_{DA} = 12$ kN·m(右侧受拉)，$M_{CB} = 24$ kN·m(右侧受拉)；

(d) $M_B = 36$ kN·m(内侧受拉)；

(e) $M_{BA} = Pa$(左侧受拉)；

(f) $M_B = 0.5ql^2$(下侧受拉)；

(g) $M_{CA} = ql^2$(右侧受拉)，$M_{CB} = 0.5ql^2$(下侧受拉)；

(h) $M_{DA} = \dfrac{2}{5}Pl$(下侧受拉)，$M_{EB} = \dfrac{3}{5}Pl$(右侧受拉)；

(i) $M_{EA} = 32$ kN·m；

(j) $F_{Ax} = -4.85$ kN($\leftarrow$)，$F_{Ay} = -1.96$ kN($\downarrow$)
$F_{Bx} = -3.6$ kN($\leftarrow$)，$F_{By} = 1.96$ kN($\uparrow$)

7-51 略

7-52 略

第 8 章

三 铰 拱

内容提要

本章讨论三铰拱的计算。三铰拱是按三刚片规则组成的静定结构,其内力和反力可由静力平衡方程求出。

一、基本概念

(1)三铰拱的概念:三铰拱最明显的受力特征是在竖向荷载作用下,除产生竖向反力外还产生水平推力。

(2)三铰拱的反力特点:竖向反力的大小与相应简支梁的竖向反力大小相同,而水平推力则与三铰的位置及荷载有关。

(3)三铰拱的内力特点:由于水平推力的存在,使拱的各个截面上的弯矩与相应简支梁相比减少很多。

(4)计算内力的方法:拱的主要内力是轴力,其次还有弯矩和剪力。求解三铰拱的内力主要是利用数解法,即通过取隔离体、列静力平衡方程,求出任一截面的内力或内力计算方程式。计算时注意各力的投影方向。

二、反力的计算公式

$$F_{Ay} = F_{Ay}^0$$
$$F_{By} = F_{By}^0$$
$$F_x = F_{Ax} = F_{Bx} = \frac{M_C^0}{f}$$

三、竖向荷载作用下截面内力的计算公式

$$M_K = M_K^0 - F_x y$$
$$F_{SK} = F_{SK}^0 \cos \varphi - F_x \sin \varphi$$
$$F_{NK} = F_{SK}^0 \sin \varphi + F_x \cos \varphi$$

式中,φ 为截面 K 处拱轴切线的倾角;F_{SK}^0 为相应简支梁相应截面的剪力;F_x 为水平推力。

四、三铰拱内力图的特点

(1) 三铰拱的弯矩图在集中力偶作用处也将发生突变。

(2) 在集中力作用处三铰拱的剪力图和轴力图都将发生突变。

(3) 根据微分关系 $\dfrac{\mathrm{d}M_K}{\mathrm{d}x} = \dfrac{F_{SK}}{\cos \varphi_K}$ 可知,在剪力 F_S 等于零的截面处弯矩将出现极值;在集中力作用处由于剪力 F_S 发生突变,弯矩图将出现尖点。

五、三铰拱的合理轴线

在给定荷载作用下,可以选取一根适当的拱轴线,使拱上各截面只承受轴力,而弯矩为零。此时,任一截面上正应力分布将是均匀的,因而拱体材料能够得到充分的利用,这样的拱轴线称为合理轴线。

$$y = \dfrac{M^0}{F_x}$$

习　　题

一、是非题

8-1 (　) 三铰拱的弯矩小于相应简支梁的弯矩是因为存在水平支座反力。

8-2 (　) 一条合理拱轴线只对应一种荷载。

8-3 (　) 三铰拱的水平推力只与三个铰的位置及荷载大小有关,而与拱轴线形状无关。

8-4 (　) 三铰拱的内力不但与荷载及三个铰的位置有关,而且与拱轴线形状有关。

8-5 (　) 在竖向荷载作用下,三铰拱合理拱轴线的纵坐标 y 与相应简支梁弯矩图的竖标成反比。

8-6 (　) 在同样荷载下的三铰拱,若三铰位置不同,其合理拱轴线一般也不相同。

8-7 (　) 在相同跨度及竖向荷载下,拱脚等高的三铰拱,其水平推力随矢高的减小而减小。

8-8 (　) 当三铰拱的轴线为合理拱轴时,顶铰位置可随意在拱轴上移动而不影响拱的内力。

8-9 (　) 图示拱的水平推力为 P(以指向内为正)。

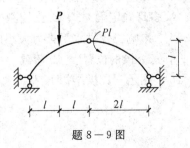

题 8-9 图

8—10 （　　）图示拱的水平推力 $F_x = 3ql/4$。

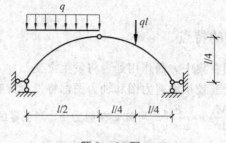

题 8—10 图

8—11 （　　）图示三铰拱左支座的竖向反力为零。

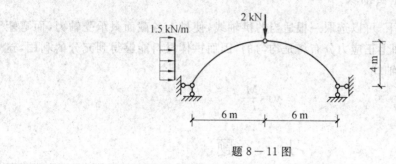

题 8—11 图

8—12 （　　）图示半圆拉杆三铰拱中拉杆 AB 的轴力 $F_{NAB} = 5$ kN。

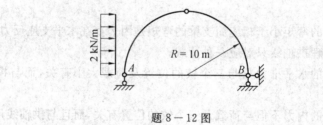

题 8—12 图

二、选择题

8—13　在确定的竖向荷载作用下，三铰拱的水平反力仅与下列因素有关：_____。
　　A. 拱跨　　　　　　B. 拱的矢高　　　C. 三个铰的相对位置　　D. 拱的轴线形式

8—14　在竖向荷载作用下，产生水平推力的静定结构是_____。
　　A. 多跨静定梁　　　B. 三铰刚架　　　C. 三铰拱　　　　　　　D. 拱式桁架

8—15　影响三铰拱水平推力大小的因素是_____。
　　A. 三个铰的位置　　B. 荷载　　　　　C. 拱的轴线形式　　　　D. 拱高

8—16　图示三铰拱结构 K 截面弯矩为_____。
　　A. $\dfrac{ql^2}{2}$　　　　　　B. $\dfrac{3ql^2}{8}$　　　　　C. $\dfrac{7ql^2}{8}$　　　　　D. $\dfrac{ql^2}{8}$

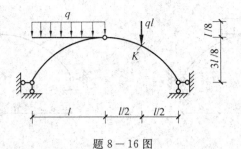

题 8-16 图

8-17 图示半圆弧三铰拱,半径为 r,$\theta=60°$,K 截面的弯矩为_____。

A. $\dfrac{\sqrt{3}Pr}{2}$ B. $-\dfrac{\sqrt{3}Pr}{2}$ C. $\dfrac{(1-\sqrt{3})Pr}{2}$ D. $\dfrac{(1+\sqrt{3})Pr}{2}$

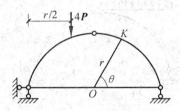

题 8-17 图

8-18 图示三铰拱 K 截面弯矩 $M_K=$ _____。已知拱轴方程为 $y=4fx(l-x)/l^2$,$F=4\ \text{kN}$,$q=1\ \text{kN/m}$,$f=8\ \text{m}$,$|\varphi_K|=45°$。

A. 8 kN·m B. 6 kN·m C. 4 kN·m D. 2kN·m

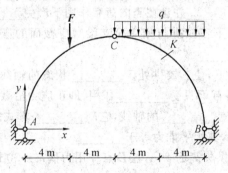

题 8-18 图

8-19 具有"合理拱轴"的静定拱结构的内力为_____。

A. $M=0,F_S\neq 0,F_N\neq 0$ B. $M\neq 0,F_S=0,F_N\neq 0$
C. $M=0,F_S=0,F_N\neq 0$ D. $M\neq 0,F_S\neq 0,F_N\neq 0$

8-20 如图所示,(a)、(b) 三铰拱的支座_____。

A. 竖向反力相同,水平反力不同 B. 竖向反力不同,水平反力相同
C. 竖向反力相同,水平反力相同 D. 竖向反力不同,水平反力不同

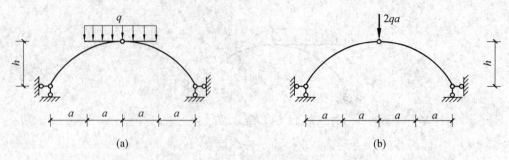

题 8－20 图

8－21 如图所示的三铰拱，支座 A 的水平反力（以向右为正）是＿＿＿＿ kN。

A. 1/2   B. 1   C. 2   D. 3

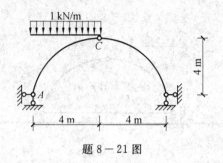

题 8－21 图

三、填空题

8－22 三铰拱合理拱轴线的形状与＿＿＿＿有关。

8－23 拱是杆轴线为＿＿＿＿并且在竖向荷载作用下产生＿＿＿＿的结构。

8－24 在同样荷载作用下三铰拱与相应简支梁对应截面的弯矩值相比其弯矩值小于梁，因为三铰拱有＿＿＿＿。

8－25 在已知荷载作用下，使三铰拱处于＿＿＿＿状态的轴线叫做三铰拱的合理拱轴线，合理拱轴线的拱各截面只受＿＿＿＿作用，即正应力沿截面＿＿＿＿分布。

8－26 合理拱轴线是指使＿＿＿＿的轴线，它随＿＿＿＿方式的变化而变化。

8－27 图示半圆三铰拱，其水平推力等于＿＿＿＿。

8－28 图示抛物线三铰拱矢高为 4 m，在 D 点作用力偶 $m = 80$ kN·m，$M_D^L = $＿＿＿＿，$M_D^R = $＿＿＿＿。

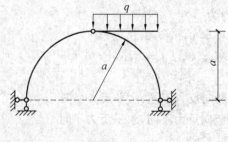

题 8－27 图

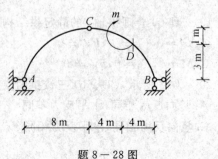

题 8－28 图

8-29 图示半圆三铰拱，$\alpha = 30°$，$F_{Ay} = qa$ (↑)，$F_{Ax} = qa/2$ (→)，K 截面的 $\varphi_K =$ _____，$F_{SK} =$ _____，F_{SK} 的计算式为 _____。

8-30 图示抛物线三铰拱，已知 $y_K = 3.34$ m，截面 K 的弯矩 $M_K =$ _____，_____ 侧受拉。

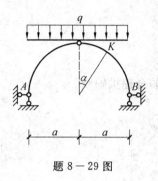

题 8-29 图

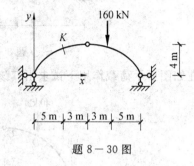

题 8-30 图

四、计算分析题

8-31 试求如图所示半圆弧三铰拱 K 截面的内力。

8-32 试求如图所示抛物线三铰拱 K 截面的内力，已知拱轴方程为 $y = \dfrac{4f}{l^2} x(l-x)$。

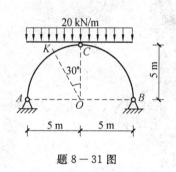

题 8-31 图

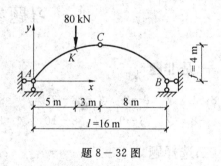

题 8-32 图

8-33 计算图示拱结构中拉杆的内力和 D 截面弯矩 M_D，已知拱轴方程为 $y = 4fx(l-x)/l^2$。

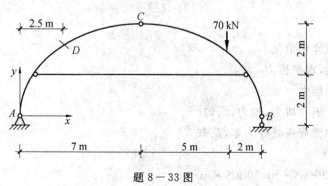

题 8-33 图

8-34 求图示拱结构 K 截面的弯矩 M_K。

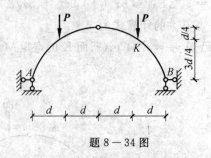

题 8-34 图

8-35 在如图所示荷载作用下试求出其该三铰结构的合理拱轴线。

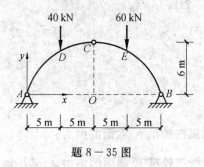

题 8-35 图

习题参考答案

一、是非题

8-1 √ 8-2 √ 8-3 √ 8-4 √ 8-5 × 8-6 √ 8-7 ×
8-8 √ 8-9 √ 8-10 √ 8-11 √ 8-12 ×

二、选择题

8-13 C 8-14 BCD 8-15 AB 8-16 D 8-17 C
8-18 D 8-19 C 8-20 A 8-21 B

三、填空题

8-22 荷载作用情况

8-23 曲线,水平推力

8-24 水平推力

8-25 无弯矩和剪力,轴力,均匀

8-26 拱截面弯矩处处为零,荷载

8-27 $qa/4$

8-28 $-30 \text{ kN·m}, 50 \text{ kN·m}$

第8章 三铰拱

8—29　$-30°, \dfrac{qa}{4}(1-\sqrt{3}), (-\dfrac{qa}{2})\cos(-30°) - (\dfrac{qa}{2})\sin(-30°)$

8—30　-84 kN·m，上

8—31　$M_K = -29$ kN·m, $F_{SK} = 18.3$ kN, $F_{NK} = 68.3$ kN

8—32　$M_K = 103.1$ kN·m, $F_{SK}^L = 33.9$ kN, $F_{NK}^L = 66.1$ kN, $F_{SK}^R = -41.0$ kN, $F_{NK}^R = 38.0$ kN

8—33　$M_D = 32.75$ kN·m, $F_{ND} = 35$ kN

8—34　$M_K = Pd/4$

8—35　略

第 9 章

静定梁的影响线

内容提要

本章讨论静定梁在移动荷载作用下支座反力、内力的计算问题。影响线是解决此问题的工具和手段。

一、基本概念

(1) 移动荷载:方向、大小不变,仅作用位置变化的荷载。

(2) 影响线:单位移动荷载作用下,结构反力、内力随荷载位置变化的函数关系,分别称为反力、内力的影响线方程,对应的函数图形分别称为反力、内力的影响线。

(3) 影响线的特征:静定结构的反力、内力影响线是直线或折线。正值影响线绘在基线以上,负值影响线绘在基线以下。

(4) 影响线与内力图的区别(以弯矩影响线与弯矩图为例):

线型	荷载	截面	横坐标	纵坐标
M 影响线	$P=1$ 的移动荷载	某个指定截面	$P=1$ 的位置	$P=1$ 移到该位置时,指定截面的弯矩值
M 图	大小、位置固定的荷载	各个截面	截面的位置	固定荷载作用下,该截面的弯矩值

二、绘制影响线的方法

有静力法和机动法两种。

(1) 静力法:用静力法绘制影响线时,先将荷载 $P=1$ 放在任意位置,并根据所选坐标系,以 x 表示作用点的横坐标,然后运用静力平衡条件求出所求量值与荷载位置 x 之间的关系。此静力平衡方程称为影响线方程,根据该方程即可绘出影响线。

(2) 机动法:用机动法绘制影响线,是以刚体虚位移原理为依据。将绘制影响线的静力计算问题转化为绘制位移图的几何问题。机动法绘制影响线的步骤为:

① 撤去欲求某量值（反力或内力）相应的约束（此时为一个自由度的机构），并代以正方向约束力 S。

② 沿 S 正方向施以单位虚位移，使体系各部分作符合约束条件的微小刚体运动，所得虚位移图即为该量值的影响线。

三、机动法绘制静定梁影响线的规律

① 去一联系，机构可变；一个刚片，一段直线。
② 竖向支座，必为零点；刚片铰连，铰处交点。
③ 滑动连接，两侧平行；刚地铰连，铰处交点。
④ 所需竖标，静力求算。

其中，"刚片铰连"中铰包括虚铰；"刚地铰连"指刚片与地基铰连（亦包括虚铰）。

四、影响线的应用

1. 利用影响线求量值

（1）当有一组集中荷载 $P_1, P_2, \cdots, P_n$ 作用于梁上，而梁的某一量值 S 的影响线在各荷载作用处的纵坐标为 $y_1, y_2, \cdots, y_n$，则该量值

$$S = P_1 \cdot y_1 + P_2 \cdot y_2 + \cdots + P_n \cdot y_n = \sum_{i=1}^{n} P_i \cdot y_i$$

（2）当梁受到均布荷载 q 作用时，若 y 为该梁某种量值 S 的影响线，则对 AB 段上的整个均布荷载而言，它使梁产生的 S 值应为

$$S = \int_A^B q \mathrm{d}x \cdot y = q \cdot \int_A^B y \mathrm{d}x = q \cdot \int_A^B \mathrm{d}A_\omega = q \cdot A_\omega$$

2. 确定最不利荷载位置，计算危险反力或内力值

当移动荷载处在某位置时能使梁产生最大正值或最大负值的反力或内力时，该位置称为最不利荷载位置。

一组集中移动荷载作用下的最不利荷载位置，一定发生在某一集中力（称为临界荷载）到达影响线顶点时才有可能。至于究竟哪个集中力是临界荷载，可以通过试算两或三次即可确定，并得到最大正值或最大负值的影响量。

3. 绝对最大弯矩

所有截面最大弯矩中的最大者称为简支梁的绝对最大弯矩。

（1）确定简支梁绝对最大弯矩的思路

① 绝对最大弯矩必在某集中力 P_K 作用的截面 x 处。
② 当 P_K 作用点弯矩为绝对最大弯矩时，该截面弯矩 $M_K(x)$ 对位置 x 的一阶导数等于零。由此可确定截面位置 x。
③ 将所得的截面位置 x 代回 $M_K(x)$ 的表达式，即可得 P_K 对应的极值弯矩。
④ 对一些可能的临界荷载，计算其极值弯矩时，所有极值弯矩中最大者便是绝对最大弯矩。

(2) 绝对最大弯矩计算公式

$$M_{\max} = \frac{R}{l}x^2 - M_K$$

$$x = \frac{l}{2} - \frac{a}{2}$$

4. 内力包络图

在移动荷载（活载）和恒载的共同作用下，结构各截面最大内力坐标的连线，称为最大内力图；结构各截面最小内力坐标的连线，称为最小内力图；最大内力图和最小内力图画在一个图上，称为内力包络图。包络图又分弯矩包络图和剪力包络图。

习　　题

一、是非题

9－1　（　）用静力法作静定结构某量值的影响线与用机动法作该结构同一量值的影响线是不等价的。

9－2　（　）求某量值影响线方程的方法与恒载作用下计算该量值的方法在原理上是相同的。

9－3　（　）影响线是用于解决活载作用下结构的计算问题，它不能用于恒载作用下的计算。

9－4　（　）用静力法作影响线，影响线方程中的变量 x 代表截面位置的横坐标。

9－5　（　）一个给定的影响线，只能反映一个既定量值的变化规律。

9－6　（　）静定梁某截面弯矩的临界荷载位置一般就是最不利荷载位置。

9－7　（　）结构基本部分某截面某量值的影响线在附属部分的影响线竖标值为零。

9－8　（　）水平梁上某截面剪力影响线在该截面左、右影响量绝对值之和为1。

9－9　（　）静定结构的内力影响线都是由直线组成的。

9－10　（　）绝对最大弯矩是移动荷载下梁的各截面上最大的弯矩。

9－11　（　）由影响线方程或机动法可知，静定结构的反力、内力影响线一定由直线或折线构成。

9－12　（　）用静力法绘制影响线的步骤与固定荷载作用下结构的内力计算一样，一般也需先求反力影响线，再据此求某一截面的内力影响线（悬臂结构除外）。

9－13　（　）影响线不仅可以用来计算移动荷载作用下的内力值，而且同样也可以用来计算固定荷载作用下的内力值（因为此时荷载位置 x 是给定的）。

9－14　（　）根据多跨静定梁的受力特性可知，基本部分截面上内力、反力的影响线遍及该部分以及其他附属部分。而附属部分的反力、截面内力影响线，仅限于该部分。

9－15　（　）图示结构 F_{SB} 影响线的 AC 段纵标不为零。

9－16　（　）简支梁跨中 C 截面剪力影响线在 C 截面处有突变。

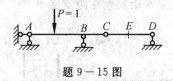

题 9-15 图

9-17 （ ）图示结构 C 截面弯矩影响线在 C 处的竖标为 $\dfrac{ab}{l}$。

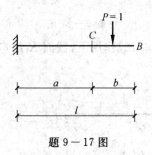

题 9-17 图

9-18 （ ）图示结构 F_B 的影响线与 F_{SB} 的影响线相同。

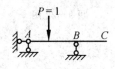

题 9-18 图

9-19 （ ）图(b)是图(a)所示结构的 M_A 影响线。

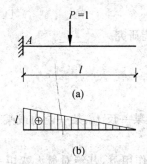

题 9-19 图

9-20 （ ）图示梁的 M_C 影响线、M_B 影响线形状如图(a)、(b) 所示。

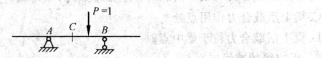

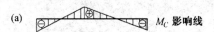

题 9-20 图

9－21 （　）图示梁的绝对最大弯矩发生在距支座 A 为 6.625 m 处。

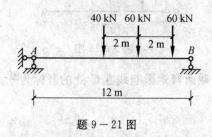

题 9－21 图

9－22 （　）梁 AB 在图示移动荷载作用下，截面 K 的弯矩最大值为 209.4 kN·m。

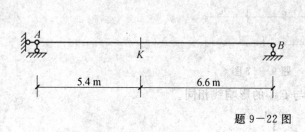 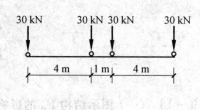

题 9－22 图

二、选择题

9－23　绘制任一量值的影响线时，假定荷载是_____。
　　A. 一个方向不变的单位移动荷载　　　B. 移动荷载
　　C. 动力荷载　　　　　　　　　　　　D. 可动荷载

9－24　绘制影响线时，每次只能研究_____。
　　A. 某一支座的支座反力
　　B. 某一截面上的内力
　　C. 某一截面上的位移
　　D. 结构上某处的某一量值（某一反力、某一内力或某一位移随单位移动荷载 $P=1$ 的移动而发生变化的规律）

9－25　简支梁在多个移动活载作用下，其绝对最大弯矩一般发生在_____。
　　A. 梁中点截面上
　　B. 梁上活载合力与某个荷载对称于梁中点时，该荷载所作用截面处
　　C. 梁上活载合力作用点处
　　D. 梁上活载合力位于梁中点时

9－26　影响线的基线应当与_____。
　　A. 梁轴线平行
　　B. 梁轴线垂直
　　C. 单位力的作用线垂直

9－27　机动法作静定梁影响线应用的原理为_____。
　　A. 变形条件　　　　　　　　　　　　B. 平衡条件

C. 虚功原理   D. 叠加原理

9－28 利用梁的某截面内力影响线可求移动荷载下梁的_____。
A. 所有截面的内力   B. 指定截面的内力
C. 任一截面的内力   D. 与该截面相应的内力

9－29 移动荷载的定义是_____。
A. 大小、方向、作用位置随时间改变的荷载
B. 大小不变,方向及作用位置随时间改变的荷载
C. 方向不变,大小及作用位置随时间改变的荷载
D. 大小、方向不变,作用位置随时间改变的荷载

9－30 机动法作静定结构内力影响线的理论基础是_____。
A. 刚体系虚位移原理   B. 功的互等定理
C. 位移互等定理   D. 反力互等定理

9－31 图示结构 F_{SC} 影响线,其中 ACD 部分为_____。
A. AC 不为零,CD 为斜线   C. AC 为零,CD 为斜线
B. AC 为零,CD 为水平线   D. AC 为零,CD 为零

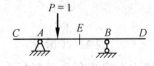

题 9－31 图

9－32 用机动法作梁某一量值的影响线,其虚位移图的竖标为垂直于梁轴方向的虚位移,这一结论适用于_____。
A. 任何一种水平梁   B. 任何一种静定梁
C. 任何一种超静定梁   D. 任何一种斜梁

9－33 图示结构 M_E 的影响线如图所示。其中竖标 y_C 表示_____。
A. $P=1$ 在 E 时,C 截面的弯矩值   B. $P=1$ 在 C 时,A 截面的弯矩值
C. $P=1$ 在 C 时,E 截面的弯矩值   D. $P=1$ 在 C 时,D 截面的弯矩值

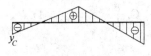

题 9－33 图

9－34 图示结构 M_C 影响线如图所示,其中竖标 y_E 是_____。

A. $P=1$ 在 E 时，D 截面的弯矩值　　　　B. $P=1$ 在 C 时，E 截面的弯矩值
C. $P=1$ 在 E 时，B 截面的弯矩值　　　　D. $P=1$ 在 E 时，C 截面的弯矩值

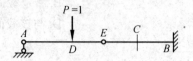

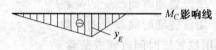

题 9—34 图

9—35　图示结构 M_B 影响线如图所示，其中竖标 y_E 表示_____。

A. $P=1$ 在 D 时，E 截面的弯矩值　　　　B. $P=1$ 在 B 时，E 截面的弯矩值
C. $P=1$ 在 E 时，B 截面的弯矩值　　　　D. $P=1$ 在 E 时，C 截面的弯矩值

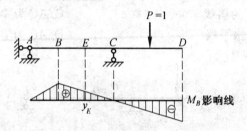

题 9—35 图

9—36　图示静定梁及 M_C 的影响线，当梁承受全长均布荷载时，则_____。

A. $M_C > 0$　　　　　　　　　　　　　　B. $M_C < 0$
C. $M_C = 0$　　　　　　　　　　　　　　D. M_C 不定，取决于 a 值

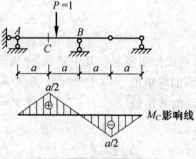

题 9—36 图

9—37　图示结构中截面 C 的剪力影响线在 D 处竖标为_____。

A. 0　　　B. $\dfrac{a}{l}$　　　C. $\dfrac{c}{l}$　　　D. l

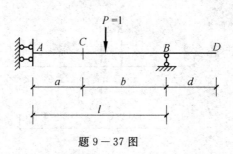

题 9－37 图

9－38　图示梁发生绝对最大弯矩的截面位置距支座 A _____。
　　A. 5.34 m　　　B. 6 m　　　C. 6.67 m　　　D. 4.87 m

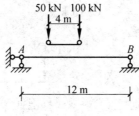

题 9－38 图

9－39　图示梁在给定移动荷载作用下，B 支座反力的最大值为 _____。
　　A. 110 kN　　　B. 100 kN　　　C. 120 kN　　　D. 160 kN

9－40　图示梁在移动荷载作用下，使截面 C 的弯矩达到最大值的临界荷载为 _____。
　　A. 50 kN　　　B. 40 kN　　　C. 60 kN　　　D. 80 kN

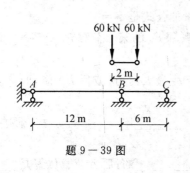

题 9－39 图

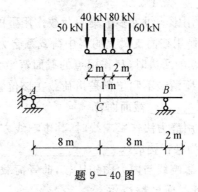

题 9－40 图

9－41　图示简支梁在所示移动荷载下截面 K 的最大弯矩值是 _____。
　　A. 140 kN·m　　　　　　　　　　B. 160 kN·m
　　C. 160 kN·m　　　　　　　　　　D. 150 kN·m

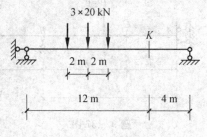

题 9－41 图

9－42 图示简支梁在移动荷载作用下，使截面 C 产生最大弯矩时的临界荷载是 _____。
　　　A. 7 kN　　　　B. 3 kN　　　　C. 10 kN　　　　D. 5 kN

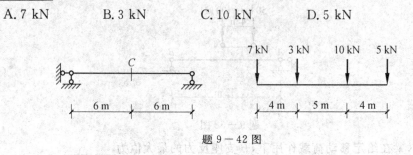

题 9－42 图

三、填空题

9－43　内力包络图的概念是：_____。

9－44　集中移动荷载系相应于三角形影响线的极值一定是某个力作用在影响线的 _____ 点上。

9－45　用影响线求多个集中荷载作用下的影响量的公式是 $S=$ _____。

9－46　作用在简支梁上的集中荷载系合力 F_R 与紧邻 F_R 的某一荷载 P_i _____ 地放在梁中点的两边时，P_i 作用点的截面弯矩为 _____。

9－47　所谓最不利位置是指荷载在该位置时将产生最大内力（或反力）值，而该内力是针对 _____ 截面而言。

9－48　用静力法作影响线时，其影响线方程是 _____，机动法作影响线，其形状为某机构的 _____。

9－49　影响线与内力图相比较，前者荷载位置是 _____ 的；后者荷载位置是 _____ 的；前者横坐标表示 _____ 的位置；后者横坐标表示 _____ 的位置。

9－50　简支梁的绝对最大弯矩发生在 _____ 附近，其具体位置可用公式 $x=$ _____ 确定。

9－51　一组移动集中荷载作用下，当影响线为三角形时，判别临界荷载位置的条件是 _____。

9－52　绘制影响线的基本方法可分为 _____ 和 _____。

9－53　静力法绘制影响线的平衡方程式，即 _____ 方程。其方程式中的变量是表示

_____位置,而影响线任一点的纵坐标,表示当 $P=1$ 移动到该位置时所讨论_____的大小。

9—54 移动荷载与固定荷载不同之处是_____是变化的,相同之处是均为_____荷载。

9—55 结点荷载作用下静定结构内力的影响线在_____间必为一直线。

9—56 多跨静定梁附属部分某量值影响线,在_____范围内必为零,在_____范围内为直线或折线。

9—57 用静力法作静定结构某量值的影响线时首先以_____表示单位移动荷载的位置,然后利用平衡条件求出该量值的_____,据此绘出其_____,即得此量值的影响线。

9—58 图(a)所示梁在力 P 作用下,其弯矩图如图(b)所示,K 截面弯矩影响线如图(c)所示。图(b)中 y_D 的物理意义为_____,图(c)中 y_D 的物理意义为_____。

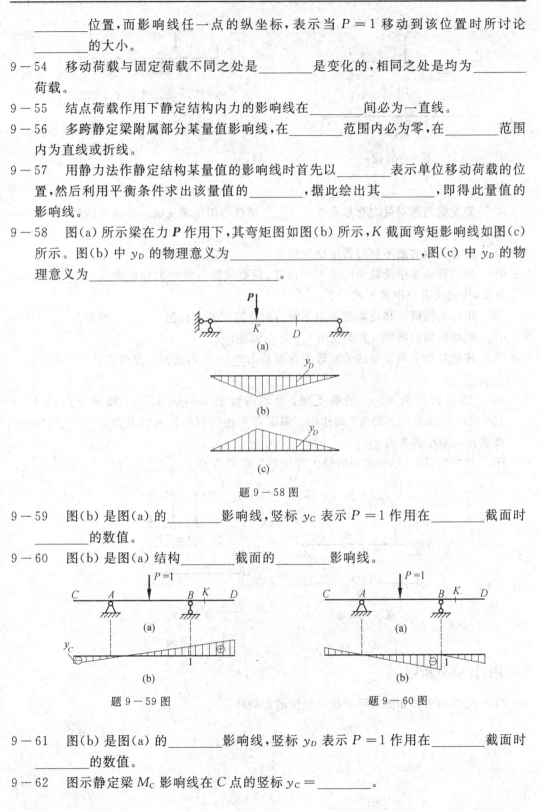

题 9—58 图

9—59 图(b)是图(a)的_____影响线,竖标 y_C 表示 $P=1$ 作用在_____截面时_____的数值。

9—60 图(b)是图(a)结构_____截面的_____影响线。

题 9—59 图 题 9—60 图

9—61 图(b)是图(a)的_____影响线,竖标 y_D 表示 $P=1$ 作用在_____截面时_____的数值。

9—62 图示静定梁 M_C 影响线在 C 点的竖标 $y_C =$ _____。

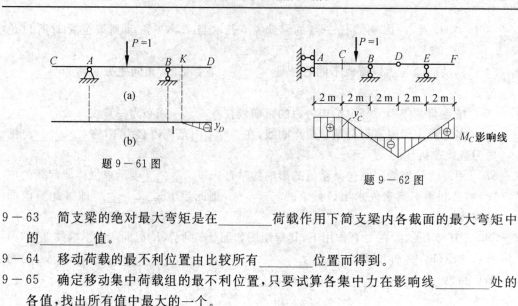

题 9—61 图

题 9—62 图

9—63 简支梁的绝对最大弯矩是在_____荷载作用下简支梁内各截面的最大弯矩中的_____值。

9—64 移动荷载的最不利位置由比较所有_____位置而得到。

9—65 确定移动集中荷载组的最不利位置,只要试算各集中力在影响线_____处的各值,找出所有值中最大的一个。

9—66 用影响线解决移动荷载作用下的内力计算问题是根据_____原理。

9—67 机动法画影响线,主要应用_____原理。

9—68 移动荷载下简支梁的绝对最大弯矩是指_____,通常总发生在梁的_____。

9—69 图示跨度为 10 m 的简支梁,受均布恒载 $q = 60$ kN/m 和均布活载 $P = 100$ kN/m(长度大于跨度)的作用。截面 C 可能达到的最大剪力为_____kN;可能达到的最小剪力为_____kN。

9—70 经判断,图示结构的绝对最大弯矩发生在离 A 点_____m 处。

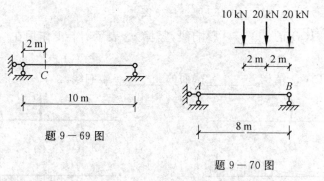

题 9—69 图

题 9—70 图

四、计算分析题

9—71 用静力法作如图所示梁指定量值的影响线。

第 9 章 静定梁的影响线

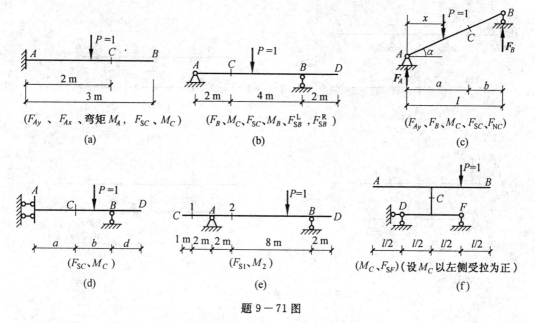

题 9－71 图

9－72 作图示结构指定量值的影响线。

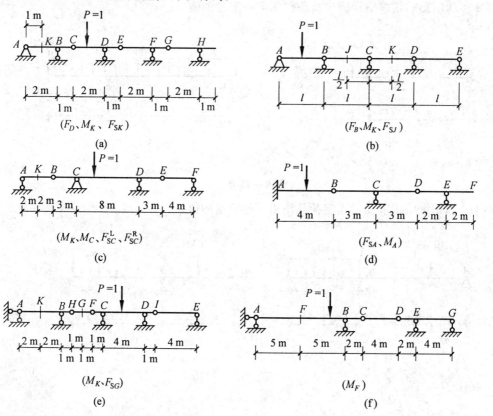

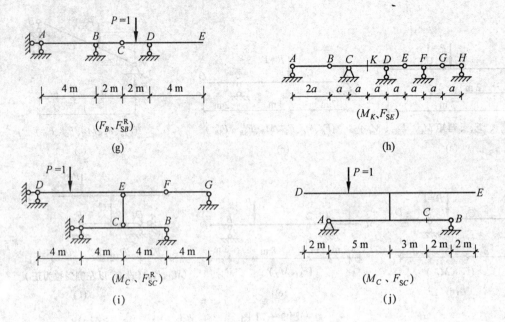

题 9-72 图

9-73 利用影响线求图示固定荷载作用下指定量的值。

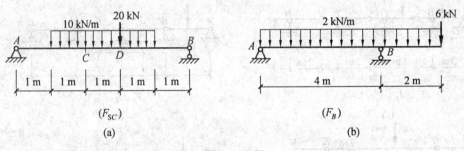

题 9-73 图

9-74 利用影响线求图示固定荷载作用下指定量的值。

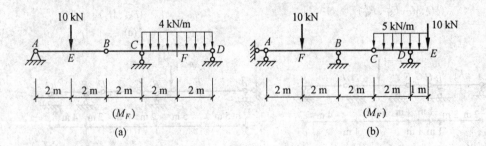

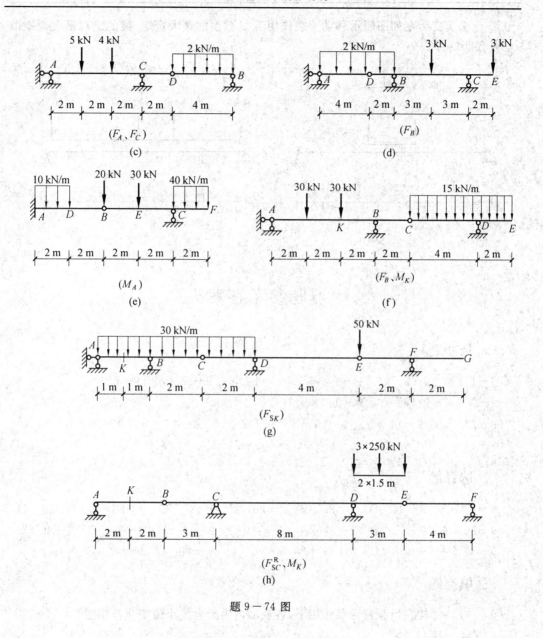

题 9-74 图

9—75 求简支梁在如图所示移动荷载作用下 C 截面的最大弯矩、梁的绝对最大弯矩值及截面位置。

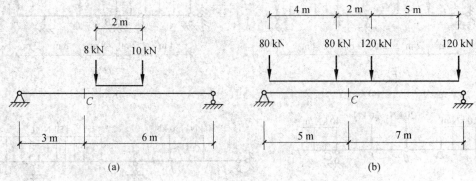

题 9—75 图

习题参考答案

一、是非题

9—1 ×　9—2 √　9—3 ×　9—4 ×　9—5 √　9—6 ×
9—7 ×　9—8 √　9—9 ×　9—10 √　9—11 ×　9—12 √
9—13 √　9—14 √　9—15 ×　9—16 √　9—17 ×　9—18 ×
9—19 ×　9—20 ×　9—21 ×　9—22 √

二、选择题

9—23 A　9—24 D　9—25 B　9—26 C　9—27 C　9—28 D　9—29 D
9—30 A　9—31 B　9—32 A　9—33 C　9—34 D　9—35 C　9—36 C
9—37 A　9—38 C　9—39 A　9—40 D　9—41 D　9—42 C

三、填空题

9—43　结构在恒载及活载作用下,各截面内力最大最小值变化范围图。

9—44　顶

9—45　$S = P_1 \cdot y_1 + P_2 \cdot y_2 + \cdots + P_n \cdot y_n = \sum_{i=1}^{n} P_i \cdot y_i$

9—46　对称,绝对最大弯矩

9—47　某一指定

9—48　平衡方程,位移图

9—49　移动 ,固定 ,荷载 $P=1$,某截面

9—50　梁中点,$\dfrac{l}{2} - \dfrac{a}{2}$

第9章 静定梁的影响线

9−51 $\begin{cases}(R_{(左)}+P_{cr})/a>R_{(右)}/b \\ R_{(左)}/a<(P_{cr}+R_{(右)})/b\end{cases}$

9−52 静力法,机动法

9−53 影响线,荷载,量值

9−54 荷载位置,静力

9−55 相邻两结点

9−56 基本部分,附属部分

9−57 x,影响线方程,函数图形

9−58 荷载 P 作用于 K 时 D 截面的弯矩值,单位移动荷载作用于 D 时 K 截面的弯矩值

9−59 R_B,C,反力 R_B

9−60 B 左,剪力

9−61 M_K,D,M_K

9−62 2 m

9−63 移动,绝对最大

9−64 临界

9−65 顶点

9−66 叠加

9−67 虚位移

9−68 全梁的所有各截面的最大弯矩中最大的那个弯矩,中点附近

9−69 500,160

9−70 3.8

9−71 略

9−72 略

9−73 (a)$F_{SC}=13$ kN;
(b)$F_B=18$ kN

9−74 (a)$M_F=3$ kN·m;
(b)$M_F=11.25$ kN·m;
(c)$F_A=10/3$ kN,$F_C=29/3$ kN;
(d)$F_B=10.5$ kN;
(e)$M_A=-80$ kN·m;
(f)$F_B=60$ kN,$M_K=30$ kN·m;
(g)$F_{SB}=40$ kN;
(h)$F_{SC}^R=-140.625$ kN,$M_K=0$

9−75 (a)$M_{Cmax}=29.3$ kN·m,$M_{max}=32.9$ kN·m;
(b)$M_{Cmax}=590$ kN·m,$M_{max}=592.6$ kN·m

第 10 章

摩 擦

内容提要

一、静滑动摩擦力

静滑动摩擦力:两个相互接触的物体,当有相对滑动趋势时,接触面对物体沿切线方向的约束力。

一般平衡情况下,静摩擦力用静力学平衡方程求解,静摩擦力的方向与相对运动趋势方向相反。静摩擦力是一个范围量,即 $0 \leqslant F \leqslant F_{max}$。

二、最大静滑动摩擦力

最大静滑动摩擦力:当物体处于临界平衡状态时,接触面沿切线方向的约束力。
静摩擦定律:最大静滑动摩擦力与接触面间的正压力成正比。

$$F_{max} = \mu F_N$$

式中,μ 为静摩擦系数;F_N 为正压力。

只有最大静滑动摩擦力才符合静滑动摩擦定律。

三、滑动摩擦力

滑动摩擦力:两个相互接触的物体,当发生相对滑动时,接触面对物体沿切线方向的约束力。

摩擦定律:滑动摩擦力与接触面间的正压力成正比。

$$F = \mu' F_N$$

式中 μ' 为动摩擦系数;F_N 为正压力;

动摩擦系数略小于静摩擦系数。

四、摩擦角与自锁

全反力:正压力与静摩擦力的合力。

最大全反力：正压力与最大静摩擦力的合力。

摩擦角 φ_m：最大全反力与接触面法线的夹角。

$$\tan \varphi_m = \mu$$

两个相互接触的物体之间的摩擦角为一确定值。

自锁：当主动力的合力与接触面的法线的夹角小于摩擦角时，不论主动力多大，物体都将保持平衡状态。

物体自锁状态时，主动力的合力与全反力符合二力平衡公理。

五、考虑摩擦的平衡问题

分析特点：

(1) 分析物体受力时，必须考虑接触面间切向的摩擦力，通常增加了未知量的数目；

(2) 确定这些新增加的未知量，还需列出补充方程，即 $F \leqslant \mu F_N$，补充方程的数目与摩擦力的数目相同；

(3) 物体平衡时摩擦力有一定的范围（即 $0 \leqslant F \leqslant F_{max}$），有摩擦时平衡问题的解亦有一定的范围，而不是一个确定的值。

在临界状态下求解有摩擦的平衡问题时，必须根据相对滑动的趋势，正确判定摩擦力的方向。摩擦力 F_{max} 的方向不能随意假定，必须按其真实方向给出。

习　题

一、是非题

10-1 （　）静滑动摩擦力就是正压力与静摩擦系数的乘积。

10-2 （　）静摩擦力的方向总是与物体的运动方向相反。

10-3 （　）动滑动摩擦力总是等于正压力与动摩擦系数的乘积。

10-4 （　）全反力就是正压力与摩擦力的合力。

10-5 （　）摩擦角是全反力与接触面法线的夹角。

10-6 （　）自锁是因为沿接触面切线的主动力小于最大静滑动摩擦力。

10-7 （　）摩擦角的正切值等于两物体接触面间的静滑动摩擦系数。

10-8 （　）物体处于自锁状态时，全反力与主动力的合力符合二力平衡公理。

10-9 （　）求解考虑摩擦的平衡问题时，接触面上的摩擦力就是最大静摩擦力。

10-10 （　）物体平衡时，摩擦力总是等于接触面切线方向主动力的合力。

10-11 （　）只要接触面间有正压力存在，则必然会产生滑动摩擦力。

10-12 （　）在求解有摩擦的平衡问题（非临界平衡情况）时，摩擦力的方向可以任意假设，其大小一般是未知的。

10-13 （　）只要两物体接触面之间不光滑，并有正压力作用，则接触面处摩擦力一定不为零。

二、选择题

10－14　物体与接触面间的_____和正压力的合力与接触面法线的夹角称为摩擦角。
　　A. 任意静摩擦力　　B. 法向反力　　C. 最大静摩擦力　　D. 动滑动摩擦力

10－15　当作用在物体上的_____与法线间的夹角 $\alpha \leqslant \varphi_m$ 时，不论其数值多么大，物体总是处于平衡状态，这种现象称为自锁。
　　A. 任意主动力　　B. 重力 G　　C. 主动力的合力　　D. 全反力

10－16　重量 $G=10$ kN 的物体放在倾角 $\alpha=30°$ 的粗糙斜面上，物块与斜面间的静摩擦系数 $\mu=0.6$，则物块处于_____状态。
　　A. 静止　　B. 加速下滑
　　C. 匀速下滑　　D. 临界

10－17　重量为 G 的物块，放在水平面上，已知物块与水平面间的摩擦角 $\varphi_m=20°$。当受一斜向推力 $P=G$ 的作用时，如图所示，P 与法线间的夹角 $\alpha=30°$，此时物块处于_____状态。

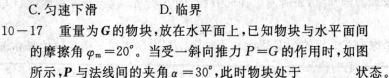

题 10.17 图

　　A. 静止　　B. 加速滑动　　C. 匀速滑动　　D. 临界平衡

10－18　重量为 G 的物块，放在粗糙的水平面上，物块与水平面间的静摩擦系数 μ，并已知在水平推力 P 作用下，物体仍处于静止状态，如图所示，则水平面全反力的大小为（　　）。
　　A. $R=\sqrt{G^2+P^2}$　　B. $R=\sqrt{P^2+(\mu G)^2}$　　C. $R=\sqrt{P^2+(\mu P)^2}$　　D. $R=G+P$

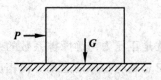

题 10－18 图

10－19　重为 G 的物块，在水平推力 P 作用下处于平衡，若物块与铅垂面间的静摩擦系数为 μ，则物块与铅垂面间的摩擦力的大小为_____。
　　A. $F=\mu P$　　B. $F=\mu G$　　C. $F=G$　　D. $F=P$

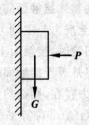

题 10－19 图

10-20　一物体放在斜面上处于滑动状态,若要制止滑动,可采用_____。
A. 在该物体上再放一个足够重的物块　　B. 将物块重量减轻
C. 立即减小斜面的倾角　　　　　　　　D. 立即增大斜面的倾角

10-21　物块放在粗糙的斜面上,设斜面倾角大于摩擦角,此时物块的状态是_____。
A. 静止　　　　　B. 加速下滑　　　　C. 匀速下滑　　　　D. 临界平衡

10-22　如果一物块在粗糙的斜面上正在下滑,此时在物块上施加一个与斜面垂直的力 P 后,物块的状态是_____。
A. 一定静止　　　　　　　　　　　　B. 一定继续下滑
C. 有可能静止　　　　　　　　　　　D. 先滑动后静止

10-23　传送带运送砂石,如图所示,砂石与皮带间的静摩擦系数 $\mu=0.5$,则传送带的倾角 α 应在_____以内。
A. 30°　　　　　B. 45°　　　　C. arctan 0.5　　　　D. 0.5°

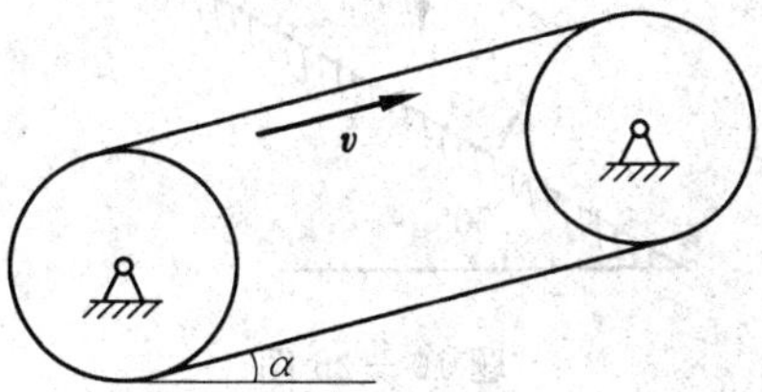

题 10-23 图

10-24　4本相同的书,每本书重为 G,设书与书间的摩擦系数为 0.1,书与手间的摩擦系数为 0.25,欲将4本书一起提起,则两侧应加的力 F 至少大于_____。
A. 5G　　　　　B. 8G　　　　C. 4G　　　　D. 16G

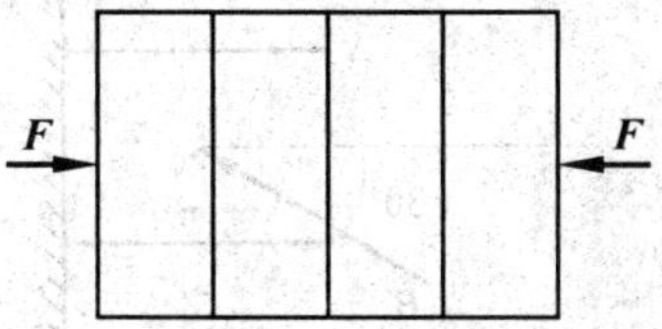

题 10-24 图

10-25　已知 $G=40$ kN,$F=20$ kN,物体与地面之间的静摩擦系数 $\mu=0.5$,动摩擦系数 $\mu'=0.4$,则物体受到的摩擦力的大小为_____。
A. 15 kN　　　　B. 12 kN　　　　C. 17.3 kN　　　　D. 0

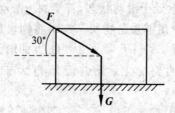

题 10-25 图

10-26　重 $G=80$ kN 的物体自由地放在倾角为 $30°$ 的斜面上，若物体与斜面间的静摩擦系数 $\mu=\dfrac{\sqrt{3}}{4}$，动摩擦系数 $\mu'=0.4$，则作用在物体上的摩擦力大小为＿＿＿＿＿。

A．30 kN　　　　B．40 kN　　　　C．27.7 kN　　　　D．17.3 kN

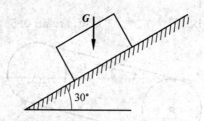

题 10-26 图

10-27　物块重 $G=20$ N，用 $P=40$ N 的力按图示方向把物块压在铅直墙上，物块与墙之间的静摩擦系数 $\mu=\dfrac{\sqrt{3}}{4}$，则作用在物块上的摩擦力等于＿＿＿＿＿ N。

A．20　　　　B．15　　　　C．10　　　　D．0

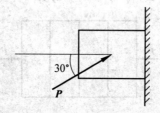

题 10-27 图

10-28　如图所示，用钢楔劈物，接触面的摩擦角为 φ_m，钢楔重力不计，劈入后欲使楔不滑出，钢楔两个平面的夹角 α 应为＿＿＿＿＿。

A．$\alpha \leqslant \dfrac{1}{2}\varphi_m$　　　　　　　　　　B．$\alpha \leqslant \varphi_m$

C．$\alpha \leqslant \dfrac{3}{2}\varphi_m$　　　　　　　　　　D．$\alpha \leqslant 2\varphi_m$

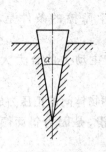

题 10-28 图

10-29　当左右两端木板所受的压力均为 F 时，物体 A 夹在木板中间静止不动，如图所示。若两端木板受压力各为 $2F$，则物体 A 所受到的摩擦力_____。
A. 为原来的 4 倍　　B. 为原来的 3 倍　　C. 为原来的 2 倍　　D. 和原来相等

题 10-29 图

10-30　如图所示，两物块 A 和 B 相重叠地放在粗糙的水平面上，在上面物块 A 的顶上作用一斜力 P。已知物块 A 重 1 000 N，物块 B 重 2 000 N，A 与 B 之间的摩擦系数 $\mu_1=0.5$，B 与地面 C 之间的摩擦系数 $\mu_2=0.2$。则当 $P=600$ N 时，_____。
A. A 物对 B 物产生滑动　　　　　　B. A、B 两物一起对地面产生滑动
C. A、B 两物处于临界状态　　　　　D. A、B 两物处于稳定的静止状态

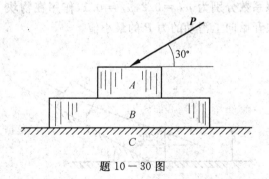

题 10-30 图

三、填空题

10-31　摩擦力的方向总是与两相互接触物体的相对运动方向_____。

10-32　最大静滑动摩擦力 $F_{max}=$ _____。

10-33　摩擦角就是_____全反力与法线的夹角。

10-34　物体自锁时，主动力的合力必在摩擦角_____。

10-35　全反力不会超出_____之外。

10-36　物体在接触面上受到的沿法线方向的约束力称为_____。

10—37 两相互接触的物体产生摩擦的条件是,这两个物体沿接触面切线具有_____。

10—38 物体自锁时,全反力与主动力的合力大小相等、方向相反且作用在同一_____。

10—39 最大静摩擦力的大小与两物体间的正压力成_____。

10—40 斜面上的物体之所以下滑,是因为斜面倾角大于或等于物体与斜面之间的_____。

10—41 物体受摩擦作用时的自锁现象是指_____。

10—42 物块重 $G=50$ N,与接触面间的摩擦角 $\varphi_m=30°$,受水平力 P 作用,当 $P=50$ N 时物块处于_____(只要回答处于静止或滑动)状态。当 $P=$_____ N 时,物块处于临界状态。

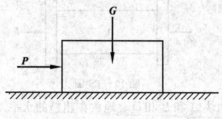

题 10—42 图

四、计算分析题

10—43 物块 A 重 90 N,B 重 200 N,两者用细绳相连,物块 A 与水平面间、物块 B 与斜面之间的静摩擦系数分别为 $\mu_A=0.2$,$\mu_B=0.1$,作用在物块 B 上的力 P 平行于斜面。求能使物块开始向上滑动的力 P 的最小值。

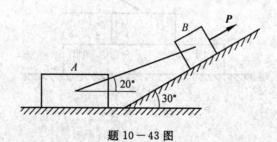

题 10—43 图

10—44 物块 A 重 50 N,B 重 100 N,两物块叠置如图所示,且用细绳将物块 A 拴住,已知 A、B 之间,以及 B 与水平地面之间的静摩擦系数均为 $\mu=0.3$,求能使物块 B 相对于地面产生滑动的最小水平力 P。

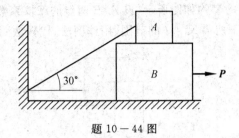

题 10－44 图

10－45 梯子自重不计,其长 $AB=13$ m,斜靠在光滑的墙上,$AO=5$ m,一人重 $G=500$ N,站在梯子中点 C 处,梯子与地面间的静摩擦系数 $\mu=0.3$,试分析梯子是否滑动。

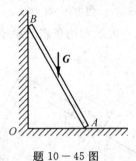

题 10－45 图

10－46 制动器的构造和尺寸如图所示。制动块和鼓轮表面间的静摩擦系数为 μ,试求制止鼓轮转动所必需的力 F。

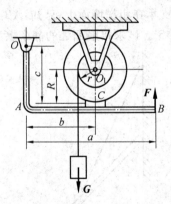

题 10－46 图

10－47 重 G 的物块放在倾角为 α 的斜面上,设斜面与物块之间的静摩擦系数为 μ,求使物块平衡的水平作用力 P 的取值范围。

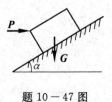

题 10－47 图

10—48 电工上电线杆的套钩如图所示,设 A、B 两点的摩擦系数均为 μ,b、d、P 为已知,求使套钩不至于滑下所需尺寸 l 的范围(用作图法、代数法两种解法求解)。

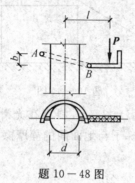

题 10—48 图

10—49 已知物块 A 重 1 kN,$\mu=0.2$,如图所示。求使系统保持平衡 B 物块的重量 G 范围。(轮重及摩擦不计)

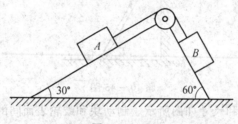

题 10—49 图

10—50 图示均质杆,其 A 端支承在粗糙墙面上,已知:$AB=40$ cm,$BC=15$ cm,$AD=25$ cm,系统平衡时 $\theta_{\min}=45°$。试求接触面处的静摩擦系数 μ。

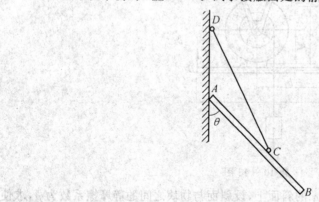

题 10—50 图

10—51 已知:物块 A、B 均重 $G=10$ N,力 $P=5$ N,A 与 B、B 与 C 间的静摩擦系数均为 $\mu=0.2$。

(1) 判断两物块能否运动;
(2) 试求各物块所受的摩擦力。

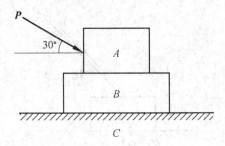

题 10-51 图

10-52 一均质物体尺寸如图,重 $G=1$ kN,作用在 C 点,已知:物体与水平地面摩擦 $\mu=0.3$。求使物体保持平衡所需的水平力 P 的最大值。

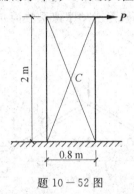

题 10-52 图

10-53 均质杆 AD 重为 G,BC 杆重不计,如将两杆于 AD 的中点 C 搭在一起,杆与杆之间的静摩擦系数 $\mu=0.6$。试问系统是否静止。

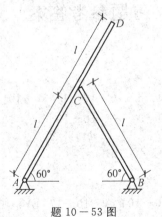

题 10-53 图

10-54 已知:$G_1=100$ N,$G_2=200$ N,A 与 C 间的静摩擦系数 $\mu_1=0.1$,C 与 D 之间的静摩擦系数 $\mu_2=0.6$。试求欲拉动木块 C 的 $P_{\min}$?

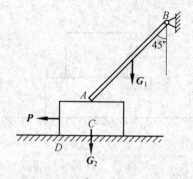

题 10－54 图

10－55 曲柄连杆机构中 $OA=AB$，不计 OA 重量，均质杆 AB 重 G_1，铰 A 处作用铅垂荷载 $2P$，滑块 B 重为 G_2，与滑道间静滑动摩擦系数为 μ，求机构在铅垂平面内保持平衡时的最小角度 φ。

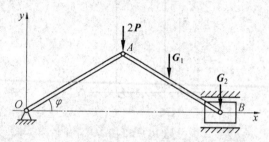

题 10－55 图

习题参考答案

一、是非题

10－1 ×　10－2 ×　10－3 √　10－4 ×　10－5 ×　10－6 √
10－7 √　10－8 √　10－9 ×　10－10 √　10－11 ×　10－12 ×
10－13 ×

二、选择题

10－14 C　10－15 C　10－16 A　10－17 A　10－18 A　10－19 C
10－20 C　10－21 B　10－22 C　10－23 C　10－24 B　10－25 C
10－26 C　10－27 D　10－28 D　10－29 D　10－30 D

三、填空题

10－31 相反

10－32 μF_N

10—33　最大

10—34　之内

10—35　摩擦锥

10—36　正压力

10—37　相对运动或相对运动趋势

10—38　直线上

10—39　正比

10—40　摩擦角

10—41　当主动力的合力在摩擦角之内时,物体处于平衡状态

10—42　滑动,$\dfrac{50\sqrt{3}}{3}$

四、计算分析题

10—43　$P = 134.5 \text{ N}$

10—44　$P_{\min} = 67.48 \text{ N}$

10—45　不会滑动

10—46　$F \geqslant \dfrac{rG(b - \mu c)}{\mu R a}$

10—47　$\dfrac{\sin \alpha - \mu \cos \alpha}{\mu \sin \alpha + \cos \alpha} \cdot G \leqslant P \leqslant \dfrac{\sin \alpha + \mu \cos \alpha}{\cos \alpha - \mu \sin \alpha} \cdot G$

10—48　$l \geqslant \dfrac{b}{2\mu}$

10—49　$0.879 \text{ kN} \geqslant G \geqslant 0.341 \text{ kN}$

10—50　$\mu \geqslant (2\sqrt{2} - 1)/2\sqrt{2} = 0.646$

10—51　(1) A 物块沿 B 物块运动,B 物块不动;
　　　(2) $F_{A\max} = 2.5 \text{ N}$,$F_B = F_{A\max} = 2.5 \text{ N}$

10—52　$P_{\max} = 0.2 \text{ kN}$

10—53　$F < F_{\max}$,系统处于静止状态

10—54　$P_{\min} = 153.244 \text{ N}$

10—55　$\varphi_{\min} = \arctan\left(\dfrac{5G_1}{4G_2\mu + 7G_1\mu}\right)$

第11章 空间力系

内容提要

一、空间汇交力系

1. 力在空间直角坐标轴上的投影

直接投影法：当已知力 F 与三个坐标轴 (x,y,z) 的夹角分别为 α、β、γ 时，则力在三个坐标轴上的投影为

$$F_x = F \cdot \cos\alpha$$
$$F_y = F \cdot \cos\beta$$
$$F_z = F \cdot \cos\gamma$$

二次投影法：当已知 F 与 z 轴夹角为 γ，F 在 xOy 平面上投影（矢量）F_{xy} 与 x 轴之间的夹角 φ。有

$$F_x = F \cdot \sin\gamma \cdot \cos\varphi$$
$$F_y = F \cdot \sin\gamma \cdot \sin\varphi$$
$$F_z = F \cdot \cos\gamma$$

2. 空间汇交力系合成与平衡的解析法

空间汇交力系的合力

$$F_R = \sqrt{\left(\sum F_x\right)^2 + \left(\sum F_y\right)^2 + \left(\sum F_z\right)^2}$$

$$\cos\alpha = \frac{\sum F_x}{F_R},\ \cos\beta = \frac{\sum F_y}{F_R},\ \cos\gamma = \frac{\sum F_z}{F_R}$$

空间汇交力系平衡方程

$$\sum F_x = 0$$
$$\sum F_y = 0$$
$$\sum F_z = 0$$

二、空间力偶系与力对轴的矩

1. 空间力偶的合成与平衡

空间力偶要用力偶矩矢表示,力偶矩矢不仅可以表示空间力偶,且符合矢量运算。因此两力偶的合成完全可以通过力偶矩矢的矢量和而得到。

空间力偶的合力偶矩

矢量法:

$$M = m_1 + m_2 + \cdots + m_n = \sum m$$

解析法:合力偶矩矢在 x、y、z 三轴的投影为

$$M_x = \sum m_x$$
$$M_y = \sum m_y$$
$$M_z = \sum m_z$$

合力偶矩矢的大小及方向余弦:

$$M = \sqrt{M_x^2 + M_y^2 + M_z^2} = \sqrt{\left(\sum m_x\right)^2 + \left(\sum m_y\right)^2 + \left(\sum m_z\right)^2}$$

$$\cos \alpha = \frac{M_x}{M}, \cos \beta = \frac{M_y}{M}, \cos \gamma = \frac{M_z}{M}$$

空间力偶的平衡方程

$$\sum m_x = 0$$
$$\sum m_y = 0$$
$$\sum m_z = 0$$

2. 力对轴的矩

力对轴的矩为零的条件:

(1) 当力与轴平行时,力对轴的矩为零。

(2) 当力与轴相交时,力对轴的矩为零。即:当力与轴共面时,力对轴之矩为零。

力对轴之矩,等于该力在垂直于此轴的平面上的投影对该轴与该平面的交点之矩。

力对轴之矩是代数量。在确定力对轴之矩的符号时,可采用右手法则,与坐标轴方向相同为正,相反为负。

三、空间任意力系

1. 空间任意力系向任一点简化

空间任意力系向一点简化,可得一主矢和一主矩。

主矢量的大小和方向余弦为:

$$F'_R = \sqrt{\left(\sum F_x\right)^2 + \left(\sum F_y\right)^2 + \left(\sum F_z\right)^2}$$

$$\cos\alpha_1 = \frac{\sum F_x}{F'_R}, \cos\beta_1 = \frac{\sum F_y}{F'_R}, \cos\gamma_1 = \frac{\sum F_z}{F'_R}$$

主矩 M_O 的大小和方向余弦为

$$M_O = \sqrt{\left(\sum m_x\right)^2 + \left(\sum m_y\right)^2 + \left(\sum m_z\right)^2}$$

$$\cos\alpha_2 = \frac{\sum m_x}{M_O}, \cos\beta_2 = \frac{\sum m_y}{M_O}, \cos\gamma_2 = \frac{\sum m_z}{M_O}$$

2. 空间任意力系平衡方程

$$\begin{cases} \sum F_x = 0 \\ \sum F_y = 0 \\ \sum F_z = 0 \end{cases} \quad \begin{cases} \sum m_x = 0 \\ \sum m_y = 0 \\ \sum m_z = 0 \end{cases}$$

前3个为投影方程,后3个为力对轴之矩的方程。实际计算时也可取4个、5个或6个力矩方程,而投影方程只用两个、一个或根本不用。但绝不能用多于3个的投影方程,否则将会出现非独立的方程。由于空间任意力系的独立方程为6个,所以只能求解6个未知力。

四、扭矩及扭矩图

扭矩:构件扭转时横截面上的内力偶矩,作用面就是横截面。

扭矩符号规定:面对假想截开的截面,逆时针转为正,顺时针转为负。

代数和法求扭矩:任意截面的扭矩等于截面任意一侧所有外力偶矩的代数和。

代数和法中外力偶矩符号规定:面对假想截开的截面,顺时针转为正。逆时针转为负。

扭矩图:表示扭矩随截面位置变化的图形。

习　题

一、是非题

11-1　(　)力在轴上的投影是代数量,力在平面上的投影也是代数量。

11-2　(　)计算力在空间直角坐标轴上的投影的一次投影法中,条件是力与三个轴的夹角为已知。

11-3　(　)空间汇交力系的平衡方程,最多只能求解3个未知量。

11-4　(　)计算力在空间直角坐标轴上的投影的二次投影法中,已知条件必须是力与 z 轴的夹角和力与 xOy 平面的夹角。

11-5　(　)空间力偶矩矢是定位矢量。

11-6　(　)空间任意力系向一点简化所得到的主矢和主矩最终都是可以合成为一个合力。

11-7　(　)扭矩就是使轴产生扭转变形的外力偶矩。

11-8 （ ）扭矩是构件横截面上的内力偶矩。

11-9 （ ）当力与轴垂直的时候,力对轴的矩为零。

11-10 （ ）当轴通过力偶中其中一个力的作用线时,该力偶对这个轴的矩,就等于另一个力对该轴的矩。

11-11 （ ）两个力偶的力偶矩矢相同,则这两个力偶等效。

11-12 （ ）空间的两个力 F_1 和 F_2 对某固定点 O 的力矩矢相等,那么这两个力的作用线就是平行的。

11-13 （ ）某空间力系向 A 点简化得到一个主矢,如果再另选一个适当的简化中心 B 点,其简化结果可能为一个主矩。

11-14 （ ）空间任意力系的合力(如果合力存在)的大小和方向一定与该力系向任一点简化的主矢相同。

11-15 （ ）一个力沿任一组坐标轴分解所得的分力的大小和这个力在该坐标轴上的投影的大小相等。

11-16 （ ）在空间问题中,力对轴的矩是代数量,而对点的矩是矢量。

11-17 （ ）力对于一点的矩在一轴上的投影等于该力对于该轴的矩。

11-18 （ ）一个空间力系向某点简化后,得主矢 F'_R、主矩 M_O,若主矢 F'_R 与主矩 M_O 平行,则此力系可进一步简化为一合力。

11-19 （ ）某一力偶系,若其力偶矩矢构成的多边形是封闭的,则该力偶系向一点简化时,主矢一定等于零。

11-20 （ ）空间汇交力系在任选的三个投影轴上的投影的代数和分别等于零,则该汇交力系一定平衡。

11-21 （ ）空间力偶中的两个力对任意投影轴的代数和恒为零。

11-22 （ ）空间力系的主矢是力系的合力。

11-23 （ ）空间力系向一点简化得主矢和主矩与原力系等效。

11-24 （ ）空间力系的主矢为零,则力系简化为力偶。

11-25 （ ）空间力偶等效只需力偶矩矢相等。

11-26 （ ）空间力偶系可以合成为一个合力。

二、选择题

11-27 一力 F 与 z 轴夹角为 γ,若 $F_y = F\sin\gamma$,此时 $F_x = $ _____。

A. $F_x = F\cos\gamma$　　　B. $F_x = 0$　　　C. $F_x = F$　　　D. $F_x = F\sin\gamma$

11-28 一力 F 与 z 轴夹角 $\gamma = 30°$,F_{xy} 与 x 轴夹角 $\varphi = 30°$,若 $F = 20$ N,则 $F_y = $ _____ N。

A. 5　　　B. 4　　　C. 8.66　　　D. $5\sqrt{3}$

11-29 一力 F 的大小为 10 N,与 z 轴夹角为 $60°$,与 y 轴夹角为 $30°$,则 $F_x = $ _____ N。

A. $\dfrac{\sqrt{3}}{2}$　　　B. 0　　　C. 1.73　　　D. $\dfrac{1}{2}$

11-30 已知力 F 在空间直角坐标轴上的投影分别为 $F_x=4$ N, $F_y=3$ N, $F_z=12$ N, 则力 F 的大小为_____。
A. 13 N　　　　B. 17 N　　　　C. 19 N　　　　D. 15 N

11-31 边长为 a 的正方体，作用一力 F，如图所示，则此力对 y 轴之矩为_____。
A. $Fa\cos 45°$　　B. $-Fa\cos 45°$　　C. 0　　D. $\sqrt{2}Fa$

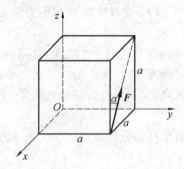

题 11-31 图

11-32 边长为 a 的正方体，作用一力 F，如图所示，则此力对 x 轴之矩为_____。
A. Fa　　　　B. $-Fa$　　　　C. 0　　　　D. $Fa\cos 45°$

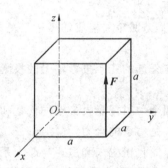

题 11-32 图

11-33 空间任意力系向三个相互垂直的坐标平面投影，得到三个平面任意力系，它们的独立平衡方程数目有_____。
A. 3 个　　　　B. 6 个　　　　C. 9 个　　　　D. 4 个

11-34 已知力 F 与 z 轴夹角为 $30°$，则此力在 xy 平面上投影的大小为_____。
A. $0.5F$　　B. $\dfrac{\sqrt{3}}{2}F$　　C. $\dfrac{\sqrt{3}}{3}F$　　D. $\dfrac{\sqrt{2}}{2}F$

11-35 已知力 F 与 z 轴垂直，若力 F 与 x 轴夹角为 $60°$，则 F_y 的大小为_____。
A. $\dfrac{F}{2}$　　B. $\dfrac{\sqrt{3}}{2}F$　　C. $\dfrac{\sqrt{3}}{3}F$　　D. F

11-36 已知一正方体，各边长 a，沿对角线 BH 作用一个力 F，则该力在 x_1 轴上的投影为_____。
A. 0　　　　B. $F/\sqrt{2}$　　　　C. $F/\sqrt{6}$　　　　D. $-F/\sqrt{3}$

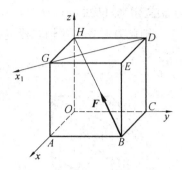

题 11-36 图

11-37 空间力偶矩是_____。
  A. 代数量　　　　　　　　B. 滑动矢量
  C. 定位矢量　　　　　　　D. 自由矢量

三、填空题

11-38 力对轴之矩是_____量。

11-39 当空间力系有合力时,合力对某轴之矩等于空间力系中所有各力对该轴_____的代数和。

11-40 力对轴之矩是度量力对刚体绕该轴_____效应的物理量。

11-41 力对轴之矩可用力在垂直轴的平面上的投影对轴与这个平面_____的矩表示。

11-42 力在坐标轴上的投影是_____量,而力在平面上的投影是_____量。

11-43 所谓空间力系,就是力系中各力的作用线呈_____分布的力系。

11-44 当力 F 在 x 轴投影 $F_x=0$,$m_x(F)=0$ 时,则力作用线必垂直且_____x 轴。

11-45 一个力 F,如果 $F_y=0$,$F_z=0$。则力 F 必与 x 轴_____。

11-46 空间中的力偶矩矢是_____矢量。

11-47 如果一个空间力系向任一点简化,其结果都相同,则原空间力系与_____等效。

11-48 已知力 F 的大小,角度 φ 和 θ,以及长方体的边长 a、b、c,则力 F 在轴 z 和 y 上的投影:$F_z=$_____;$F_y=$_____;F 对轴 x 的矩 $m_x(F)=$_____。

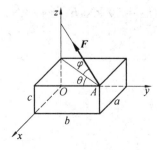

题 11-48 图

11-49 正三棱柱的底面为等腰三角形,已知 $OA=OB=a$,在平面 $ABED$ 内有沿对角线 AE 的一个力 F,图中 $\alpha=30°$,则此力对各坐标轴之矩为:$m_x(F)=$_____;$m_y(F)=$_____;$m_z(F)=$_____。

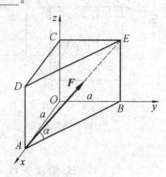

题 11-49 图

11-50 空间汇交力系的平衡方程:_____。

11-51 空间力偶系的平衡方程:_____。

11-52 空间力偶等效条件:_____。

11-53 空间力系向一点简化得主矢与简化中心的位置_____;得主矩与简化中心的位置_____。

11-54 如图所示,已知一正方体,各边长 a,沿对角线 BH 作用一个力 F,则该力在 x、y、z 轴上的投影 $F_x=$_____,$F_y=$_____,$F_z=$_____。

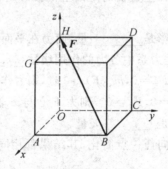

题 11-54 图

四、计算分析题

11-55 若已知 $F_1=30$ kN,$F_2=50$ kN,$F_3=40$ kN。试求各力在三个坐标轴上的投影。

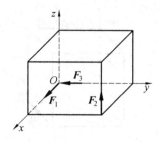

题 11－55 图

11－56 已知在图示边长为 a 的正方体上，作用有力 $F_1=6$ kN，$F_2=2$ kN，$F_3=4$ kN。试计算各力在三个坐标轴上的投影。

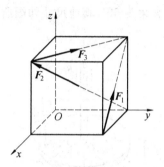

题 11－56 图

11－57 已知 $F_1=30$ kN，$F_2=25$ kN，$F_3=40$ kN，其他尺寸如图所示。试求此三力对 x、y 轴之矩。

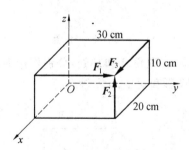

题 11－57 图

11－58 正方体边长为 $a=0.2$ m，在顶点 A 和 B 处沿各棱边分别作用 6 个大小都等于 100 N 的力，其方向如图所示。试向点 O 简化此力系。

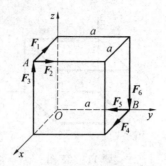

题 11-58 图

11-59 水平圆盘的半径为 r，外缘 C 点处作用有已知力 F。力 F 位于圆盘 C 处的切平面内，且与 C 处圆盘切线夹角为 $60°$，其他尺寸如图所示。求力 F 对 x、y、z 轴之矩。

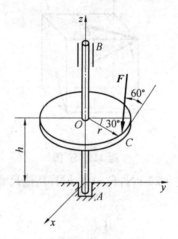

题 11-59 图

11-60 边长为 a 的正方体，在顶角 A 和 B 处，分别作用力 F_1 和 F_2，如图所示。分别求此两力在 x、y、z 轴上的投影和对 x、y、z 轴之矩。

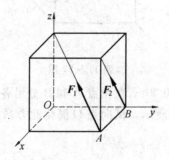

题 11-60 图

11-61 力系中，$F_1 = 100$ N、$F_2 = 300$ N、$F_3 = 200$ N，各力作用线的位置如图所示。将力系向原点 O 简化。

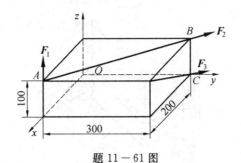

题 11-61 图

11-62 如图所示，铅垂电杆 AB 用缆索 AC 和 AD 拉住，挂在 A 端的电缆的拉力 $T=$ 2kN，拉力 T 在铅垂平面 EFGH 内；B、C、D 三点在水平地面上；$BC=BD=3$ m，$AB=4$ m，$\angle CBD=90°$；电杆重量不计，并看作可绕 B 端任意转动。求 AC、AD 两绳的拉力 T_1 和 T_2 以及地面对电杆的反力 F_B。

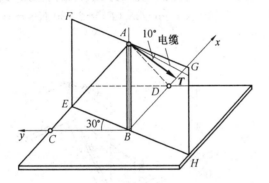

题 11-62 图

11-63 重物 $G=1\,000$ N，由斜杆 AO 与两根等长的水平杆即 BO 和 CO 所支承。三根杆在 O 点用铰相结，杆 OA 与铅垂面成45°。并知 $\angle CBO=\angle BCO=45°$。设三杆与墙壁均为铰结，求杆 F_{NAO}、F_{NBO}、F_{NCO} 的轴力。

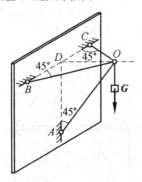

题 11-63 图

11-64 如图所示，力 $F=1\,000$ N。求力 F 对于 z 轴的力矩 M_z。

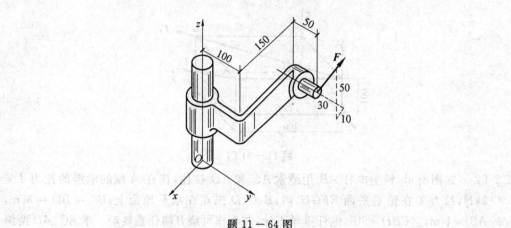

题 11-64 图

11-65　一力 F 作用在手柄的 A 点上,该力的大小和指向未知,其作用线与 Oxz 平面平行。已知 $m_x(F) = -3\,600\,\text{N}\cdot\text{cm}$,$m_z(F) = 2\,020\,\text{N}\cdot\text{cm}$。求该力对 y 轴之矩。

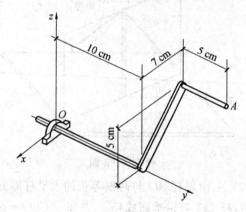

题 11-65 图

11-66　一等边三角形板,边长为 a,用 6 根杆支承成水平位置,如图所示。若在板内作用一力偶,其矩为 m,试求各杆的约束反力。

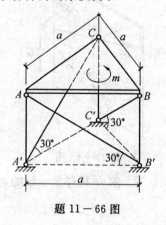

题 11-66 图

11−67 如图所示为一牛腿柱。自重 $G=40$ kN,受力:铅垂力 $P_1=120$ kN,$P_2=300$ kN,水平力 $F=25$ kN。P_1、P_2 在 Oyz 平面内,$e_1=0.1$ m,$e_2=0.34$ m。F 与 x 轴平行,过 P_2 作用点,$h=6$ m。求 A 端的约束反力。

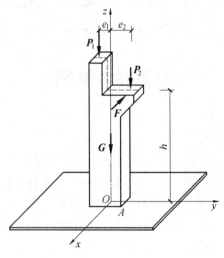

题 11−67 图

11−68 大皮带轮的半径 $R=20$ cm,轴的半径 $r=10$ cm。匀速起吊重物 $G=10$ kN。已知 $F_1=2F_2$,求 A 和 B 处的约束反力。

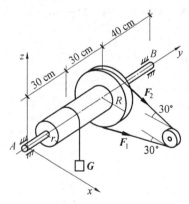

题 11−68 图

11−69 作图示圆轴的扭矩图并找出最合理的布置方案。

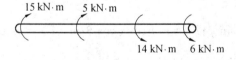

题 11−69 图

11−70 已知一圆轴转速为 $n=300$ r/min,输入功率 $P_1=800$ kW,输出功率 $P_2=300$ kW,$P_3=200$ kW,$P_4=300$ kW,作该轴的扭矩图。

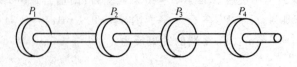

题 11-70 图

习题参考答案

一、是非题

11-1 ×　11-2 √　11-3 √　11-4 ×　11-5 ×　11-6 ×
11-7 ×　11-8 √　11-9 ×　11-10 √　11-11 √　11-12 ×
11-13 ×　11-14 √　11-15 ×　11-16 √　11-17 √　11-18 ×
11-19 √　11-20 ×　11-21 √　11-22 √　11-23 √　11-24 ×
11-25 √　11-26 √

二、选择题

11-27 B　11-28 A　11-29 B　11-30 A　11-31 B　11-32 A
11-33 B　11-34 A　11-35 B　11-36 A　11-37 D

三、填空题

11-38　代数

11-39　力矩

11-40　转动

11-41　交点

11-42　代数,矢

11-43　空间

11-44　通过

11-45　平行

11-46　自由

11-47　力偶

11-48　$F_z = F\sin\varphi ; F_y = -F\cos\varphi\cos\theta ; m_x(F) = bF\sin\varphi + cF\cos\varphi\cos\theta$。

11-49　$m_x = 0 ; m_y = -\dfrac{\sqrt{2}}{2}Fa ; m_z = \dfrac{\sqrt{6}}{4}Fa$

11-50　$\sum F_x = 0 ; \sum F_y = 0 ; \sum F_z = 0$

11-51　$\sum m_x = 0 ; \sum m_y = 0 ; \sum m_z = 0$

11-52　力偶矩矢相同

11-53　无关，有关

11-54　$F_x = -\dfrac{\sqrt{3}}{3}F, F_y = -\dfrac{\sqrt{3}}{3}F, F_z = \dfrac{\sqrt{3}}{3}F$

四、计算分析题

11-55　$F_{1x} = 30$ kN, $F_{1y} = 0, F_{1z} = 0$;
　　　$F_{2x} = 0, F_{2y} = 0, F_{2z} = 50$ kN;
　　　$F_{3x} = 0, F_{3y} = -40$ kN, $F_{3z} = 0$

11-56　$F_{1x} = -3\sqrt{2}$ kN, $F_{1y} = 0, F_{1z} = 3\sqrt{2}$ kN;
　　　$F_{2x} = 1.154$ kN, $F_{2y} = -1.154$ kN, $F_{2z} = 1.154$ kN;
　　　$F_{3x} = -2\sqrt{2}$ kN, $F_{3y} = 2\sqrt{2}$ kN, $F_{3z} = 0$

11-57　$m_x(\boldsymbol{F}_1) = -3$ kN·m, $m_y(\boldsymbol{F}_1) = 0$;
　　　$m_x(\boldsymbol{F}_2) = 7.5$ kN·m, $m_y(\boldsymbol{F}_2) = -5$ kN·m;
　　　$m_x(\boldsymbol{F}_3) = 0, m_y(\boldsymbol{F}_3) = 4$ kN·m

11-58　力系简化为一力偶，$\boldsymbol{M} = (-40\boldsymbol{i} - 40\boldsymbol{j})$ N·m

11-59　$M_x = \dfrac{F}{4}(h - 3r), M_y = \dfrac{\sqrt{3}}{4}F(h + r), M_z = -\dfrac{Fr}{2}$

11-60　$F_{1x} = -\dfrac{\sqrt{3}}{3}F_1, F_{1y} = -\dfrac{\sqrt{3}}{3}F_1, F_{1z} = \dfrac{\sqrt{3}}{3}F_1$;
　　　$m_x(\boldsymbol{F}_1) = \dfrac{\sqrt{3}}{3}F_1 a, m_y(\boldsymbol{F}_1) = -\dfrac{\sqrt{3}}{3}F_1 a, m_z(\boldsymbol{F}_1) = 0$;
　　　$F_{2x} = \dfrac{\sqrt{2}}{2}F_2, F_{2y} = 0, F_{2z} = \dfrac{\sqrt{2}}{2}F_2$;
　　　$m_x(\boldsymbol{F}_2) = \dfrac{\sqrt{2}}{2}F_2 a, m_y(\boldsymbol{F}_2) = 0, m_z(\boldsymbol{F}_2) = -\dfrac{\sqrt{2}}{2}F_2 a$

11-61　$F_{Rx} = -F_2 \sin\alpha - F_3 \cos\beta = -345.4$ N
　　　$F_{Ry} = F_2 \cos\alpha = 249.6$ N
　　　$F_{Rz} = F_1 - F_3 \sin\beta = 10.56$ N

11-62　$T_1 = 2.84$ kN, $T_2 = 1.64$ kN, $F_B = 3.93$ kN

11-63　$F_{NAO} = -1\,414$ kN, $F_{NBO} = F_{NCO} = 707$ kN

11-64　$m_z(F) = -101.4$ N·m

11-65　$m_y(F) = -2353$ N·cm

11-66　$F_{AB'} = F_{CA'} = F_{BC'} = -\dfrac{4m}{3a}$（压），$F_{AA'} = F_{BB'} = F_{CC'} = \dfrac{2m}{3a}$（拉）

11-67　$F_{Ax} = 25$ kN, $F_{Ay} = 0, F_{Az} = 460$ kN, $m_x = 90$ kN·m, $m_y = 150$ kN·m,
　　　$m_z = -8.5$ kN·m

11-68　$F_{Ax} = -5.2$ kN, $F_{Az} = 6$ kN, $F_{Bx} = -7.8$ kN, $F_{Bz} = 1.5$ kN

11-69　当前布置：$|T|_{\max} = 20$ kN·m，合理布置：$|T|_{\max} = 9$ kN·m

11-70　$|T|_{\max} = 15.95$ kN·m

第12章

重心及截面的几何性质

内容提要

一、重心与形心的计算公式

1. 重心

物体重力始终通过的那一点

物体重心坐标公式

$$x_C = \frac{\sum_{i=1}^{n} \Delta G_i x_i}{G}$$

$$y_C = \frac{\sum_{i=1}^{n} \Delta G_i y_i}{G}$$

$$z_C = \frac{\sum_{i=1}^{n} \Delta G_i z_i}{G}$$

2. 形心

物体的几何中心

物体形心坐标公式

$$x_C = \frac{\sum_{i=1}^{n} \Delta V_i x_i}{V}$$

$$y_C = \frac{\sum_{i=1}^{n} \Delta V_i y_i}{V}$$

$$z_C = \frac{\sum_{i=1}^{n} \Delta V_i z_i}{V}$$

3. 复合形状匀质物体的形心

由几个简单形状组合而成的复合形状匀质物体,其形心的确定可采用有限形式的求形心坐标的公式,简单形状形心的坐标 x_i, y_i, z_i 必须是准确已知的。这种将复合图形分为有限个简单图形求形心的方法称为分割法。对于含有洞口的复合平面图形,其洞口部分的面积应视为负值,此法称为负面积法。

二、截面的几何性质

1. 静矩(面积矩)

自截面上坐标为 (y, z) 点处取如图所示的面积元素 dA,作 dA 与 y 的乘积,并沿整个截面积分,表达式 $\int_A y \, dA$ 定义为截面对 z 轴的静矩。

以 S_z 表示,即有

$$S_z = \int_A y \, dA$$

同理有截面对 y 轴的静矩为

$$S_y = \int_A z \, dA$$

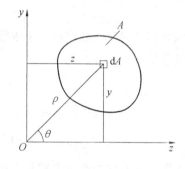

可将静矩写为

$$S_z = A \cdot y_C = \sum_{i=1}^{n} A_i y_i$$

$$S_y = A \cdot z_C = \sum_{i=1}^{n} A_i z_i$$

同时也可将形心公式写为

$$y_C = \frac{S_z}{A}$$

$$z_C = \frac{S_y}{A}$$

截面对过形心轴的静矩必为零。

2. 惯性矩

$$I_z = \int_A y^2 \, dA, \quad I_y = \int_A z^2 \, dA$$

惯性矩的定义来自力对轴的矩,因此必须强调对哪一轴的惯性矩,而且对 z 轴的要乘 y^2,对 y 轴的要乘 z^2。由于 y^2 与 dA 均为正值,故 I_z 或 I_y 均为正值,不能为零(除非没有面积),更不能为负,这点与静矩是不同的。惯性矩的单位为长度的四次方。

(1) 矩形截面对形心轴的惯性矩

如图所示,矩形截面高为 h,宽为 b。根据定义有

$$I_{z_C} = \frac{bh^3}{12}$$

同理有

$$I_{y_C} = \frac{hb^3}{12}$$

当截面为正方形,且边长为 a 时,有
$$I_{z_C} = I_{y_C} = \frac{a^4}{12}$$

(2) 圆形截面对形心轴的惯性矩

圆形截面直径为 d,根据定义有,截面对任意根直径轴的惯性矩都相等,且
$$I_{z_C} = \frac{\pi d^4}{64}$$

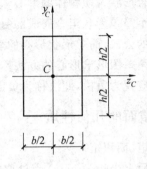

3. 惯性积
$$I_{yz} = \int_A yz \, dA$$

由于被积函数是 y、z 的一次函数,故其值可为正、为负或为零,单位仍为长度的四次方。

当惯性积所对坐标轴中有一个是截面的对称轴时,则惯性积一定为零。

4. 极惯性矩
$$I_p = \int_A \rho^2 \, dA$$

由于 $\rho^2 = y^2 + z^2$,代入上式,有
$$I_p = \int_A (y^2 + z^2) dA = \int_A y^2 dA + \int_A z^2 dA = I_z + I_y$$

这表明两垂直轴惯性矩之和等于对原点的极惯性矩,它提供了用轴惯性矩计算极惯性矩的公式。

5. 惯性矩和惯性积的平行移轴公式,组合截面的惯性矩和惯性积
$$\left. \begin{array}{l} I_y = I_{y_C} + a^2 A \\ I_z = I_{z_C} + b^2 A \\ I_{yz} = I_{y_C z_C} + abA \end{array} \right\}$$

此结果即为平行移轴公式,但需要强调的是,y_C 与 z_C 轴必须是截面的形心轴,否则静矩不能为零。另外,a 与 b 的符号对惯性矩移轴无关,因为是以 a^2 和 b^2 形式出现的。但在惯性积移轴时,(a,b) 表示的是 C 点的坐标,因此有正负之别。

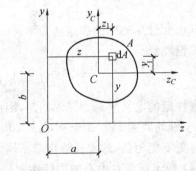

6. 惯性矩和惯性积的转轴公式,截面的主惯性轴和主惯性矩

截面对不同轴将要产生不同的惯性矩,当轴绕某点转动时,惯性矩也会发生变化,其关系如下:

$$I_{z_1} = \frac{I_z + I_y}{2} + \frac{I_z - I_y}{2}\cos 2\alpha - I_{yz}\sin 2\alpha$$

$$I_{y_1} = \frac{I_z + I_y}{2} - \frac{I_z - I_y}{2}\cos 2\alpha + I_{yz}\sin 2\alpha$$

$$I_{z_1 y_1} = \frac{I_z - I_y}{2}\sin 2\alpha + I_{zy}\cos 2\alpha$$

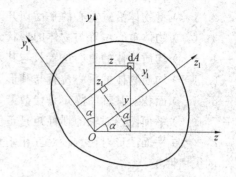

将前两式相加,有 $I_{z_1} + I_{y_1} = I_z + I_y$。这表明,两相互垂直轴的惯性矩之和与转角无关,为定值。

这一结论表明,惯性矩取极值与惯性积等于零,两者是等价的,我们约定此时所对的两个相互垂直的轴为主轴,其最大惯性矩与最小惯性矩为主惯性矩。当这样两轴的交点过截面形心时,称为形心主轴,而此时的惯性矩称为形心主惯性矩。解此方程可得主轴位置

$$\tan 2\alpha_0 = \frac{-2I_{zy}}{I_z - I_y}$$

满足此式的 α_0 应有两个(α_{01} 与 α_{02}),且其夹角应为 $90°$。

最大与最小惯性矩为

$$I_{\max} = \frac{I_z + I_y}{2} + \sqrt{\left(\frac{I_z - I_y}{2}\right)^2 + I_{zy}^2}$$

$$I_{\min} = \frac{I_z + I_y}{2} - \sqrt{\left(\frac{I_z - I_y}{2}\right)^2 + I_{zy}^2}$$

此处提示,α_{01} 与 α_{02} 哪个轴对应最大惯性矩,哪个对应最小惯性矩?可按如下公式给出

$$\left.\begin{array}{l}\sin 2\alpha_{01} = \dfrac{-I_{zy}}{\sqrt{\left(\dfrac{I_z - I_y}{2}\right)^2 + I_{zy}^2}} \rightarrow I_{\max} \\[2em] \sin 2\alpha_{02} = \dfrac{I_{zy}}{\sqrt{\left(\dfrac{I_z - I_y}{2}\right)^2 + I_{zy}^2}} \rightarrow I_{\min}\end{array}\right\}$$

根据主轴的双重定义,若截面图形对过某点的两个相互垂直轴的惯性积为零,则此两轴必为主轴。惯性积为零这个条件对含有一个对称轴的截面是肯定满足的,所以对称轴一定是主轴,与它相垂直的轴也一定是主轴。由于形心一定位于对称轴上,故对称轴又是形心主轴,通过形心又与此对称轴垂直的是另一个形心主轴。

习　　题

一、是非题

12—1 (　)物体的重心是物体重力作用线始终通过的点,所以重心一定在物体上。

12—2　（　）将物体沿过重心的平面切开，两边一定一样重。

12—3　（　）物体重心位置与物体的形状无关，只与物体的重量有关。

12—4　（　）均质物体的重心位置只与其几何形状有关。

12—5　（　）均质物体的重心位置与其形心位置是重合的。

12—6　（　）面积对某轴的静矩是代数量，可正、可负，也可能为零。

12—7　（　）平面图形对轴的惯性矩是正值的标量。

12—8　（　）平面图形对任意一对互相垂直轴的惯性矩之和，等于该平面图形对任意点的极惯性矩。

12—9　（　）平面图形对任意一对互相垂直轴的惯性矩之和，等于该平面图形对该两轴交点的极惯性矩。

12—10　（　）在计算平面图形对一对互相垂直轴的惯性积时，两个轴中只要有一个是对称轴，则该惯性积就等于零。

12—11　（　）由惯性矩平行轴公式可知，截面对通过其形心轴的惯性矩是对所有平行轴的惯性矩中最小的。

12—12　（　）由惯性矩平行轴公式可知，任意的两个相互平行、相距为 d 的轴 z_1 和 z_2，则 $I_{z2} = I_{z1} + Ad^2$ 就成立。

12—13　（　）截面形心轴上下的面积对该形心轴的静矩的绝对值相等。

二、选择题

12—14　平面图形对某轴的惯性矩是_____。
A. 正值的标量　　B. 代数量　　C. 矢量　　D. 负数量

12—15　平面图形对一对垂直轴的惯性积是_____。
A. 正值的标量　　B. 代数量　　C. 矢量　　D. 零

12—16　惯性矩平行轴公式 $I_{z_1} = I_z + a^2 A$ 中，_____。
A. z_1 轴和 z 轴是任意的一对平行轴　　B. z 轴必须是形心轴
C. z_1 轴必须是形心轴　　D. 只要 z_1 轴和 z 轴平行，该式就成立

12—17　惯性矩的单位为_____。
A. 长度单位　　B. 长度的平方　　C. 长度的三次方　　D. 长度的四次方

12—18　静矩的单位为_____。
A. 长度单位　　B. 长度的平方　　C. 长度的三次方　　D. 长度的四次方

12—19　极惯性矩的单位为_____。
A. 长度单位　　B. 长度的平方　　C. 长度的三次方　　D. 长度的四次方

12—20　一个球体，一半是铅，一半是铝，则重心_____。
A. 偏于铅的一侧　　B. 偏于铝的一侧　　C. 在球心　　D. 无法确定

12—21　y 轴过平面图形的形心，则该图形对 y 轴的静矩_____。
A. $S_y > 0$　　B. $S_y < 0$　　C. $S_y = 0$　　D. 是不确定的

12—22　平面图形对某一对正交 y、z 轴的惯性积 $I_{yz} = 0$，则有_____。
A. y 轴必是对称轴　　B. z 轴必是对称轴

C. y、z 轴均是对称轴　　　　　　　　D. y、z 轴均是主轴

12-23　z 轴为某一平面图形的对称轴,则_____。
A. z 轴不一定是主轴　　　　　　　B. z 轴和任意与其垂直的轴均是主轴
C. 所有的形心轴均是主轴　　　　　　D. 与 z 轴垂直的任意轴均不是主轴

12-24　关于主轴的概念,有如下说法,正确的是_____。
A. 平面图形有无限对正交主轴　　　　B. 平面图形不一定存在主轴
C. 平面图形只有一对正交主轴　　　　D. 平面图形只有一对形心主轴

12-25　平面图形对过点 M 任意一对正交轴的惯性矩之和,等于_____。
A. 该图形对点 M 的极惯性矩
B. 该图形对这对正交轴的惯性积
C. 该图形对这对轴的静矩之和
D. 该图形对过另一点 O 的正交轴惯性矩之和

12-26　平面图形对相互垂直轴的惯性矩相等,则这对相互垂直轴_____。
A. 有一根为对称轴　　　　　　　　　B. 是主轴
C. 既是主轴又是对称轴　　　　　　　D. 不一定是主轴

12-27　平面图形对相互垂直轴的惯性矩相等,则与这对相互垂直轴同一原点的任意轴是_____。
A. 对称轴　　　　B. 主轴　　　　C. 形心轴　　　　D. 反对称轴

12-28　如图所示,截面的抗弯截面系数 W_z 为_____。
A. $\dfrac{a^3}{6} - \dfrac{\pi d^3}{32}$　　　　　　　　　　B. $\dfrac{a}{6}(a-d)^2$

C. $\dfrac{a^3}{6} - \dfrac{\pi d^4}{32a}$　　　　　　　　　　D. $\dfrac{a^3}{6} - \dfrac{\pi d^3}{16}$

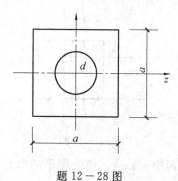

题 12-28 图

12-29　如图所示,钢梁原选用工字钢,因刚度不足,采用两翼缘加焊同材质厚度为 t 的钢板加固,则梁对 z 轴抗弯刚度增加值为_____。(其中,E 为钢材弹性模量)
A. $2\left[\dfrac{bt^3}{12} + bt\left(\dfrac{h+t}{2}\right)^2\right]E$　　　　B. $2\left[bt\left(\dfrac{h+t}{2}\right)^2\right]E$

C. $2\left[\dfrac{b^3 t}{12} + bt\left(\dfrac{h+t}{2}\right)^2\right]E$　　　　D. $bt\left(\dfrac{h+t}{2}\right)^2 E$

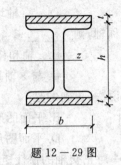

题 12-29 图

12-30 边长为 a 的正方形截面梁，按两种不同的形式放置，如图所示，在相同弯矩作用下两者最大正应力之比 $(\sigma_{max})_a/(\sigma_{max})_b$ 为 _____。

A. $\dfrac{\sqrt{2}}{2}$ B. 1 C. $\dfrac{1}{2}$ D. $\sqrt{2}$

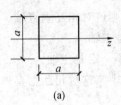 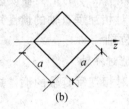

(a)　　　　　　　　(b)

题 12-30 图

12-31 如图所示矩形截面中，已知 I_{z1}、b 和 h，则 I_{z2} 为 _____。

A. $I_{z1}+\dfrac{1}{4}bh^3$　　　　　　B. $I_{z1}+\dfrac{3}{16}bh^3$

C. $I_{z1}+\dfrac{1}{16}bh^3$　　　　　　D. $I_{z1}-\dfrac{3}{16}bh^3$

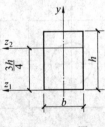

题 12-31 图

12-32 如图所示 T 字形截面中 z 轴通过组合图形的形心 C，两个矩形分别用 I 和 II 表示。下列关系式正确的是 _____。

A. $S_z(I) > S_z(II)$　　　　　　B. $S_z(I) = S_z(II)$

C. $S_z(I) = -S_z(II)$　　　　　　D. $S_z(I) < S_z(II)$

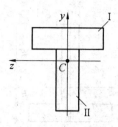

题 12-32 图

12-33 如图所示三种截面形状，均是由面积为 A 的大矩形挖去面积为 S 的小矩形而构成的，z 轴为中性轴，则可按公式计算其对中性轴的惯性矩的是_____。

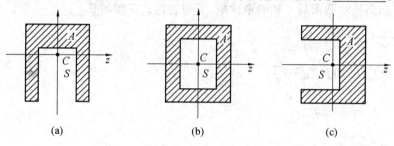

题 12-33 图

A. 只有图(a) 截面 　　　　　　　　B. 只有图(b) 截面
C. 只有图(c) 截面 　　　　　　　　D. (b)、(c) 截面均可

12-34 如图所示截面图形，其对形心轴 z 的惯性矩 $I_z =$_____。

A. $\dfrac{\pi D^4}{32} - \dfrac{dD^3}{12}$ 　　　　　　　　B. $\dfrac{\pi D^4}{32} - \dfrac{dD^3}{6}$

C. $\dfrac{\pi D^4}{64} - \dfrac{dD^3}{12}$ 　　　　　　　　D. $\dfrac{\pi D^4}{64} - \dfrac{dD^3}{6}$

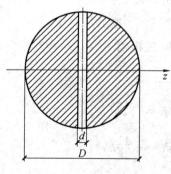

题 12-34 图

12-35 如图所示，z_C 是形心轴，z_C 轴以下面积对 z_C 轴的静矩 S_{zC} 为_____。

A. $\dfrac{ah_1^2}{2}$ 　　　　　　　　B. $ab\left(h_2 + \dfrac{b}{2}\right)$

C. $ab\left(h_2 + \dfrac{a}{2}\right)$ 　　　　　　　　D. $ab(h_2 + a)$

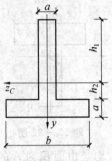

题 12-35 图

12-36 如图所示截面对 z 轴的惯性矩，下列表达式正确的是_____。

A. $I_{za} = I_{zb} = \dfrac{BH^3}{12} - \dfrac{bh^3}{12}$

B. $I_{zb} = I_{za} + BH^3 \left(a - \dfrac{H}{2}\right)^2 - bh \left(a - \dfrac{h}{2}\right)^2$

C. $I_{zb} = I_{za} + bh \left(a - \dfrac{h}{2}\right)^2$

D. $I_{zb} = I_{za} - bh \left(a - \dfrac{h}{2}\right)^2$

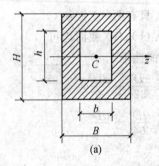 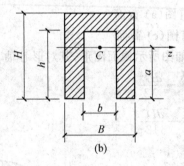

题 12-36 图

12-37 如图所示矩形截面中，三根轴 z_1、z_C、z_2 相互平行，已知截面对 z_1 轴的惯性矩为 $I_{z1} = \dfrac{bh^3}{3}$，则 I_{z2} 为_____。

A. $I_{z2} = \dfrac{bh^3}{3} + \left(\dfrac{3}{4}h\right)^2 \times bh = \dfrac{43}{48}bh^3$

B. $I_{z2} = \dfrac{bh^3}{3} - \left(\dfrac{3}{4}h\right)^2 \times bh = -\dfrac{11}{48}bh^3$

C. $I_{z2} = \left[\dfrac{bh^3}{3} - \left(\dfrac{h}{2}\right)^2 \times bh\right] + \left(\dfrac{h}{4}\right)^2 \times bh = \dfrac{7}{48}bh^3$

D. $I_{z2} = \left[\dfrac{bh^3}{3} + \left(\dfrac{h}{2}\right)^2 \times bh\right] + \left(\dfrac{h}{4}\right)^2 \times bh = \dfrac{31}{48}bh^3$

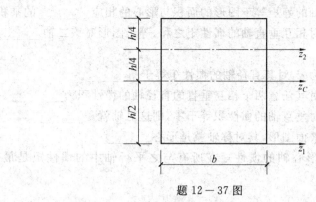

题 12—37 图

12—38　如图所示半径为 R 的半圆形截面,形心 C 与直径 x_1 轴的距离 $y_C=4R/(3\pi)$,求得半圆截面对于形心轴 x_C 的惯性矩 I_{xC} 为 _____。

A. $\pi R^4/8$　　　　　B. $\pi R^4/10$　　　　　C. $0.11R^4$　　　　　D. $\pi R^4/12$

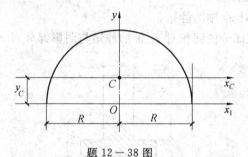

题 12—38 图

12—39　如图所示截面 I_y 与 I_z 以及 I_{y1} 与 I_y 的关系应为 _____。

A. $I_y=I_z, I_{y1}>I_y$　　　　　B. $I_y<I_z, I_{y1}=I_y$

C. $I_y>I_z, I_{y1}>I_y$　　　　　D. $I_y>I_z, I_{y1}<I_y$

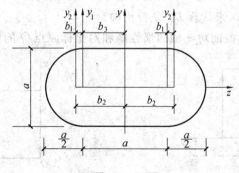

题 12—39 图

三、填空题

12—40　均质物体的重心位置取决于物体的 _____。

12—41　均质物体的重心和形心位置 _____。

12—42　平面图形对过形心轴的静矩等于 _____。

12-43　平面图形对某轴的静矩等于图形的面积与形心的相应_____的乘积。

12-44　图形对任意一对相互垂直轴的惯性矩之和,等于图形对该二轴_____的极惯性矩。

12-45　圆形截面直径为 d,对其直径轴的惯性矩等于_____。

12-46　圆形截面图形对其任意两个相互垂直的直径轴的惯性积为_____。

12-47　如果截面对一对垂直轴的惯性积等于零,则这对轴就是_____。

12-48　具有对称轴的平面图形,其对称轴就是形心_____。

12-49　平面图形对过形心轴的惯性矩在所有与之平行轴中的惯性矩是最_____的。

四、计算分析题

12-50　在图示的对称图形中, $b_1=0.3$ m, $b_2=0.6$ m, $h_1=0.5$ m, $h_2=0.14$ m。

(1) 求形心 C 的位置;

(2) 求阴影部分对 z_0 轴的静矩;

(3) 问 z_0 轴以上部分的面积对 z_0 轴的静矩与阴影部分对 z_0 轴的静矩有何关系?

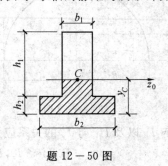

题 12-50 图

12-51　图中 z 轴与 z_1 轴平行,二轴间的距离为 a,如截面对 z 轴的惯性矩 I_z 已知,问按公式 $I_{z_1}=I_z+a^2bh$ 来计算 I_{z_1} 是否正确?

12-52　求图示正方形截面对 z 轴的惯性矩和对坐标原点 O 的极惯性矩。

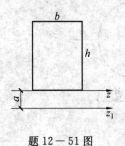

题 12-51 图

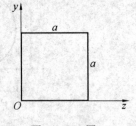

题 12-52 图

12-53 试求图示各截面的阴影线面积对 x 轴的静矩。

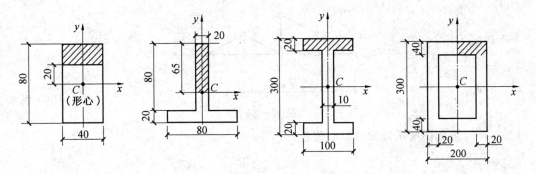

题 12-53 图

12-54 用积分法求图 (a)、(b) 的形心位置。

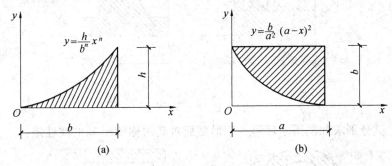

题 12-54 图

12-55 已知铜的容重 $\gamma_1=89\ \text{kN/m}^3$，铝的容重 $\gamma_2=27\ \text{kN/m}^3$，求如图所示组合物块的重心位置。

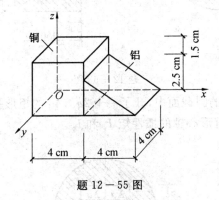

题 12-55 图

12—56 求如图所示桁架的形心位置(各杆截面面积相等)。

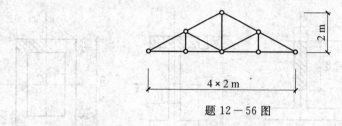

题 12—56 图

12—57 求如图所示截面的形心位置。

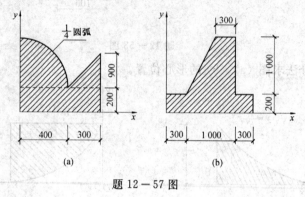

题 12—57 图

12—58 试分别求如图所示环形和箱形截面对其对称轴 x 轴的惯性矩。

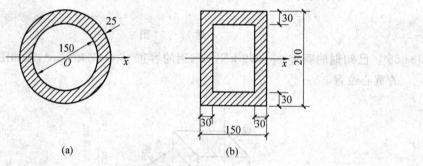

题 12—58 图

12—59 在直径 $D=8a$ 的圆截面中,开了一个 $2a \times 4a$ 的矩形孔,如图所示。试求截面对其水平形心轴和竖直形心轴的惯性矩 I_z 和 I_y。

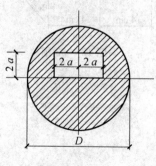

题 12—59 图

12-60　正方形截面中开了一个直径 $d=100$ mm 的半圆形孔,如图所示。试确定截面的形心位置,并计算对水平形心轴和竖直形心轴的惯性矩。

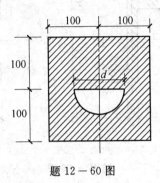

题 12-60 图

12-61　用积分法求图所示平面图形的 S_z、S_y、I_z、I_y、I_{zy} 和 I_p。

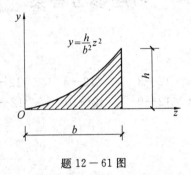

题 12-61 图

12-62　求如图所示截面的形心主惯性矩。

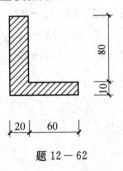

题 12-62

12-63　计算如图所示各图形对形心轴的惯性矩 I_{x0} 和 I_{y0}。

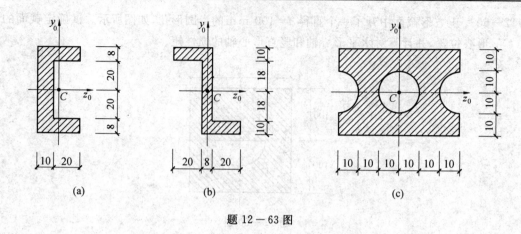

题 12-63 图

习题参考答案

一、是非题

12-1 × 12-2 × 12-3 × 12-4 √ 12-5 √ 12-6 √
12-7 √ 12-8 × 12-9 √ 12-10 √ 12-11 √ 12-12 ×
12-13 √

二、选择题

12-14 A 12-15 B 12-16 B 12-17 D 12-18 C 12-19 D
12-20 A 12-21 C 12-22 D 12-23 B 12-24 A 12-25 A
12-26 D 12-27 B 12-28 C 12-29 A 12-30 A 12-31 D
12-32 C 12-33 D 12-34 C 12-35 A 12-36 B 12-37 C
12-38 C 12-39 C

三、填空题

12-40　形状
12-41　重合
12-42　零
12-43　坐标
12-44　交点
12-45　$\dfrac{\pi d^4}{64}$
12-46　零
12-47　主惯性轴
12-48　主惯性轴
12-49　小

四、计算题

12−50 (1) $y_C = 0.275$ m;(2)$S_{z_0} = 1.998 \times 10^{-2} \text{m}^3$;(3)绝对值相等,符号相反

12−51 不正确,因为 z 轴不是形心轴

12−52 $I_z = \frac{1}{3}a^4, I_O = \frac{2}{3}a^4$

12−53 (a)$S_x = 24 \times 10^3 \text{ mm}^3$;
(b)$S_x = 42.25 \times 10^3 \text{ mm}^3$;
(c)$S_x = 280 \times 10^3 \text{ mm}^3$;
(d)$S_x = 520 \times 10^3 \text{ mm}^3$

12−54 (a) $x_C = \frac{n+1}{n+2}b, y_C = \frac{n+1}{2(2n+1)}h$;
(b) $x_C = \frac{5}{8}a, y_C = \frac{3}{5}b$

12−55 $x_C = 2.29$ cm, $y_C = 2$ cm, $z_C = 1.9$ cm

12−56 $y_C = 0.558$ m(距底边)

12−57 (a) $x_C = 313.3$ mm, $y_C = 238.1$ mm;
(b) $x_C = 896.2$ mm, $y_C = 441.9$ mm

12−58 (a)$I_x = \frac{\pi D^4}{64}(1-\alpha^4) = \frac{\pi \cdot 200^4}{64}(1-0.75^4) \text{ mm}^4 = 5.37 \times 10^7 \text{ mm}^4$;
(b)$I_x = \frac{BH^3}{12} - \frac{bh^3}{12} = \left(\frac{150 \times 210^3}{12} - \frac{90 \times 150^3}{12}\right) \text{ mm}^4 = 9.045 \times 10^7 \text{ mm}^4$

12−59 $I_z = 188.9a^4, I_y = 190.4a^4$

12−60 $I_z = 1\,307 \times 10^5 \text{ mm}^4, I_y = 1\,309 \times 10^5 \text{ mm}^4$

12−61 $S_z = \frac{bh^2}{10}, S_y = \frac{b^2h}{4}, I_z = \frac{h^3b}{21}, I_y = \frac{b^3h}{5}, I_{zy} = \frac{h^2b^2}{12}, I_p = \frac{b^3h}{5} + \frac{h^3b}{21}$

12−62 $I_{\max} = 233.75 \text{ cm}^4, I_{\min} = 56.25 \text{ cm}^4$

12−63 (a) $I_{z0} = 33.2 \text{ cm}^4, I_{y0} = 6.12 \text{ cm}^4$;
(b) $I_{z0} = 33.2 \text{ cm}^4, I_{y0} = 9.41 \text{ cm}^4$;
(c) $I_{z0} = 30.42 \text{ cm}^4, I_{y0} = 50.16 \text{ cm}^4$

参考文献

[1] 邹昭文,程光均,等.理论力学(建筑力学第一分册)[M].4版.北京:高等教育出版社,2006.

[2] 干光瑜,秦惠民.材料力学(建筑力学第二分册)[M].4版.北京:高等教育出版社,2006.

[3] 李家宝.结构力学(建筑力学第三分册)[M].4版.北京:高等教育出版社,2006.

[4] 卢存恕,周周,范国庆.建筑力学(上册)[M].长春:吉林大学出版社,1996.

[5] 卢存恕,吴富英,常伏德.建筑力学(下册)[M].长春:吉林大学出版社,1996.

[6] 哈尔滨工业大学理论力学教研室.理论力学[M].7版.北京:高等教育出版社,2009.

[7] 孙训方,方孝淑,等.材料力学[M].5版.北京:高等教育出版社,2009.

[8] 李廉锟.结构力学[M].5版.北京:高等教育出版社,2010.

[9] 彭俊生,罗永坤,等.结构力学指导型习题册[M].成都:西南交通大学出版社,2001.